김규태 교수의 네트워크마케팅 시리즈 제2권

누구나 부자가 될 수 있는 윈-윈 마케팅
(Win-Win Marketing)

제2판 개정 증보판

한국네트워크마케팅 연구소장
김규태 / 경영학 박사

용안미디어

판권 본사
독점 계약

누구나 부자가 될 수 있는 원-원 마케팅

지은이 · 김 규 태
인쇄일 · 2002년 11월 18일
발행일 · 2002년 11월 20일
2판 1쇄 인쇄일 · 2002년 12월 17일
펴낸곳 · 도서출판 용안미디어
주소 · (135-081) 서울시 강남구 역삼1동 696-25 영성빌딩
전화 · (02)569-5024(대)
팩스 · (02)569-5009
등록 · 1994년 2월 25일 제16-837호
값 · 7,000원

* ISBN 89-86151-71-5(02320)
* 잘못된 책은 바꿔드립니다.

김 규태 교수의 네트워크마케팅 시리즈 제 2권

누구나 부자가 될 수 있는
윈-윈 마케팅 (win-win Marketing)

(제2판 개정 증보판)

한국네트워크마케팅 연구소장

김 규 태 / 경영학 박사

용안미디어

목 차

추천사 ………………………………………………… 6

머리말 ………………………………………………… 8

제1장 급변하는 한국 사회

Ⅰ. 즐기며 일할 '나만의 직업'을 찾아라! ………… 13

Ⅱ. 불투명한 직장생활 …………………………… 16

Ⅲ. 적은 수입, 높아지는 지출 …………………… 18

Ⅳ. 빛 좋은 개살구, 대기업 직장인 ……………… 21

Ⅴ. 회사를 떠나는 사람들 ………………………… 24

Ⅵ. 직장인의 자아실현은 불가능? ……………… 27

Ⅶ. 전문직이 흔들린다 …………………………… 29

Ⅷ. 서민의 영원한 설움, 주택문제 ……………… 34

Ⅸ. 나도 내 사업을 하고 싶다 …………………… 38

Ⅹ. 투잡스(Two Jobs)족이 뜬다 ………………… 43

제2장 윈-윈 마케팅(Win-Win Marketing)

Ⅰ. 21세기의 새로운 기회 ………………………… 49

Ⅱ. 네트워크마케팅이란? ………………………… 57

Ⅲ. 유통의 흐름 …………………………………… 61

Ⅳ. 네트워크마케팅을 하는 사람들 ……………… 63

Ⅴ. 네트워크마케팅의 가격 원리 ………………… 68

Ⅵ. 네트워크마케팅의 보상플랜 ………………… 72

Ⅶ. 네트워크마케팅의 특징 ……………………… 77

Ⅷ. 네트워크마케팅과 피라미드와의 차이점 ·················· 84

Ⅸ. 네트워크마케팅의 발전 전망과 나아갈 길 ·················· 89

제3장 네트워크마케팅 성공전략

Ⅰ. 사업 준비 단계에서 알아야 할 사항 ·················· 101

Ⅱ. 네트워크마케팅에서 성공하기 위한 8가지 조건(8 core) ···· 113

Ⅲ. 사업 시작 초기에 꼭 알아야 할 사항 ·················· 118

Ⅳ. 성공적인 고객모집을 위한 전략 ·················· 136

Ⅴ. 사업설명 및 예상고객 후원 성공전략 ·················· 157

Ⅵ. 거절처리 성공전략 ·················· 165

Ⅶ. 자기계발 및 교육 성공전략 ·················· 175

Ⅷ. 효율적인 네트워크를 구축하기 위한 성공전략 ·················· 180

Ⅸ. 효율적인 네트워크 유지 및 강화를 위한 성공전략 ·················· 189

Ⅹ. 영원한 성공을 위하여: 핵심 성공 전략 ·················· 204

추 천 사

- 김 재 원 (사)한국네트워크마케팅 기업협의회장 -

최근 수년 간 우리나라 네트워크마케팅 산업이 전국적으로 폭발하고 있다. 뿐만 아니라 미국, 일본, 독일 등의 선진국에서도 큰 발전을 이루고 있다. 이런 상황은 향후에도 지속될 것으로 전망된다. 이런 측면에서 분명 네트워크마케팅은 21세기 최첨단 유통방식이 될 것이며 신유통의 총아가 될 것이다.

특히 우리나라의 경우, 정(情)을 중시하는 국민 특성과 아울러 인터넷의 급속한 발전, 택배산업, 카드사업 및 통신산업의 발달 및 지속적인 구조조정으로 다른 어느 나라보다 더 큰 발전을 할 것으로 보인다.

이런 현 상황에서 평소 네트워크마케팅에 대한 확신을 가지고 대학원 및 본 업계에서 많은 활동을 하고 있는 미래경제연구소 및 한국네트워크마케팅연구소 김 규태 소장이 그 동안의 네트워크마케팅 실무 경험과 학계에서 닦은 연구를 바탕으로 집필한 〈누구나 부자가 될 수 있는 원-원 마케팅〉은 네트워크마케팅의 뚜렷한 비전 제시와 꼭 알아야 할 기초지식 및 핵심적인 성공전략을 누구나 쉽게 알 수 있도록 하여 사업자 여러분의 사업전개에 많은 도움이 될 것으로 생각된다.

- 엄 길 청 경기대 교수 / 경제평론가 -

　네트워크마케팅의 발전은 시대적 흐름이며 향후 유통의 대혁신을 불러 일으키며 신유통의 중추적인 역할을 할 것으로 믿는다. 이런 상황에서 평소 네트워크마케팅에 대한 뚜렷한 확신과 소신을 가진 미래경제연구소 및 한국네트워크마케팅 연구소 김 규태 소장이 그 동안 업계에서 실제로 보고 느낀 체험과 학계에서 닦은 해박한 지식을 바탕으로 지난 번 발행한 저서 〈성공의 열쇠〉에 이어 이번에 발간하는 〈누구나 부자가 될 수 있는 원-원 마케팅〉은 현재 네트워크마케팅 사업을 하시거나 디 사업에 관심이 많으신 여러분에게 네트워크마케팅에 대한 기본적인 이해는 물론 실제 사업전개에 많은 도움이 될 것으로 보인다.

　특히 본 저서에서는 딱딱한 지식의 전달보다는 우리 경제의 현황과 더불어 변화의 추이를 각종 자료를 제시함으로써 생생한 현장감을 느낄 수 있게 하여 네트워크마케팅에 대한 뚜렷한 비전 제시와 함께 네트워크마케팅에 대해 꼭 알아야 할 기초적인 지식은 물른 선진국의 성공한 네트워커들의 성공 노하우를 소개함으로써 이들을 벤치마킹할 수 있게 하였으며 누구나 재미있게 읽을 수 있도록 쉽게 서술하여 특히 사업초보자들에게 많은 도움이 될 것으로 믿는다.

머 리 말

　오늘날 네트워크마케팅의 국내·외 환경이 급변하고 있다. 세계적으로 국제화 물결이 일고 있으며 국내적으로는 네트워크마케팅 업체 간의 치열한 경쟁이 일어나고 있어 이런 상황은 앞으로 더욱 심화될 것으로 보인다. 이와 같은 치열한 경쟁에서 생존하기 위해서는 성공적인 마케팅 전략에 대한 관심이 더욱 요청된다.

　　그러나 유감스럽게도 아직까지 우리나라 네트워크마케팅 업계는 마케팅 지향적 내지 고객 지향적 사고의 틀과 체계는 물론 마케팅에 관한 기본적 연구가 너무나 미흡하며 타 업계의 마케팅전략에 비해 네트워크마케팅은 아직 그 개념조차 제대로 형성되지 않은 실정으로 이에 대한 연구가 더욱 시급하다.

　네트워크마케팅에 있어서 성공적인 마케팅 전략은 리크루팅은 물론 제품교육 등을 효율적으로 전개하는 것이다. 신규사업자를 발굴, 안내하고 소비자나 사업자를 만들고 신규사업자를 교육, 육성시키고 후원해 성공적인 사업자로 만들어야 한다. 즉, 사업자들을 효율적으로 후원하고 관리하기 위한 마케팅전략이 필요한 것이다.

　본서의 주요 특징은 다음과 같다.
　첫째, 급변하는 시대 흐름과 지식정보화 사회에서의 경제의 변천에 따른 21세기 신유통의 총아인 네트워크마케팅에 대한 비전을 제시했다.

둘째, 네트워크마케팅의 기초적인 이론 설명은 물론 현황과 문제점 및 업계 종사자들의 향후 과제를 제시했다.

셋째, 네트워크마케팅의 성공요건 및 핵심 성공전략을 수록했다.

넷째, 네트워크마케팅 기법과 성공자의 성공사례 및 성공 노하우를 제시함으로써 사업자들이 이를 활용할 수 있도록 했다.

마지막으로, 네트워크마케팅 사업자들이 네트워크마케팅에 대한 기본적인 개념을 이해함과 동시에 마케팅 마인드를 가지고 급변하는 경영 및 경제 환경에 적응하기 위한 구체적인 마케팅전략을 제시했다.

본서는 필자가 그 동안 네트워크마케팅 업계에 종사하며 실제로 보고 느낀 경험과 대학 및 대학원에서 마케팅에 관한 강의와 연구, 각종 연수원 및 네트워크마케팅 업체 강의를 통해 체득한 지식을 바탕으로 이론과 실무를 현실에 최대한 부합되도록 시도했으나 부족함이 많을 것이다. 미흡한 점은 향후 점차 보완해 나갈 계획이다.

아무쪼록 본서가 네트워크마케팅 사업자 여러분의 사업 전개에 많은 도움이 되기를 바란다. 특히 주야로 네트워크마케팅 사업 활동을 하시는 여러분들에게 큰 도움이 되기를 바란다.

끝으로 네트워크마케팅 관련 분야에서 그 동안 저에게 여러 가지 협조와 도움을 아끼지 않았던 여러분께 깊이 감사드리며 부모님과 형제들 그리고 항상 본인을 이해하고 격려해준 아내(송 인영)와 사랑하는 아들, 승현이와 딸, 지현이에게 고마움을 전한다.

그리고 이 책이 있기까지 많은 도움과 가르침을 주신 여러분들과 한국네트워크마케팅 연구소 박 신광 책임연구원에게 감사드린다.

또한 이 책을 출간하기 위해 많은 수고를 해 주신 (주)용안커뮤니케이션 김 시중 회장님과 박 진영 과장님 그리고 담당자 여러분에게도 감사드린다.

2002년 12월 12일

저자 김 규 태 올림

제 1 장
급변하는 한국 사회

Ⅰ. 즐기며 일할 '나만의 직업'을 찾아라!

지금의 30~50대는 적합한 은퇴 준비를 하지 않는다면 여유 있고 풍요로워야 할 '인생의 황혼기'가 고통스러운 시기가 될지도 모른다.

특히 20~30년 뒤 복지환경이 지금보다 나을 것이란 확신을 갖지 못 하는 상황이어서 지금부터의 차근차근한 은퇴 준비는 선택이 아닌 필수라고 할 수 있다.

■ 평생직업을 찾아라

기업 구조조정의 상시화에 따라 직장인은 언제 어떻게 있을지 모를 자발적, 비자발적 퇴직에 대처해야 하는 상황이다. 60세 정년퇴직은 이미 동화 속의 이야기가 되었고 퇴직 시점이 40대로 낮아지는 경향을 보이고 있다. 한 번 몸담은 기업에 뼈를 묻던 '평생직장' 시대는 가고 '평생직업' 시대가 온 것이다.

지금부터라도 자신만의 전략적 가치를 높이기 위한 노력을 통해 퇴직 소용돌이를 뚫고 은퇴 후의 삶을 여유롭게 만들 설계를 해야 한다. 일하는 노인은 경제적 안정은 물론 소외감도 덜 하며 질병에 걸리는 비율도 낮다고 한다. 진정한 은퇴 준비는 바로 여기서부터 출발해야 한다.

■ 재산상의 설계를 미리 하자

은퇴 구상에 있어 우선 떠오르는 것이 바로 노후 생활

에 대한 자금 마련이다. 최근 들어 많은 사람들이 연금신
탁이나 보험 등에 가입함으로써 은퇴 이후를 대비하고 있
다.

이는 지금의 30~40대가 국민연금을 받게 되는
20~30년 후, 연기금의 안정적인 수급 여부가 불투명한
상황에서 최소한의 자구 노력이 될 것이다. 좀더 여유가
있다면 안정적인 재테크를 통해 자산을 관리하는 것도 적
극적인 노후준비가 될 것이고 재테크에 대한 노하우가 없
는 사람은 자산관리에 대해 전문가와 상담하는 것이 좋을
것이다.

■ 건강을 다듬어 놓자
은퇴자들은 급격한 주변 환경변화로 처음엔 일정 기간
휴식을 취하지만 시간이 흐를수록, 스트레스에 직면하기
쉽다. 또 이로 인해 건강이 악화되기도 한다.

특히 40~50대를 전후로 체력 감소는 물론 각종 성인
병을 하나쯤은 갖게 된다. 이런 변화들은 은퇴 이후에 더
욱 심각한 상황으로 발전할 가능성도 있다. 그럴 경우, 의
료비 지출은 물론 불행한 '병든 노후'를 보내게 된다. 노
후에는 젊은 시절보다 건강이 더 소중해진다. 평소 한두
가지 운동을 익혀 건강을 다듬어 놓는 것은 노후를 위한
소중한 투자가 될 것이다.

■ 네트워킹을 하자

네트워킹의 출발점은 자신의 은퇴 준비를 주변에 알리는 이른바 공지(notice)이다. 과거의 은퇴는 수십 년 간 사회와 직장에 헌신하다가 노후에 이르러 은퇴하는 '명예'의 의미가 강했다. 그러나 비자발적 은퇴가 주류를 이루는 요즘은 은퇴를 사회적 낙오로 인식하는 경향이 짙어지고 있다.

따라서 상당수의 사람들은 은퇴나 은퇴준비 사실을 숨기거나 기존의 인간관계를 단절하는 실수를 하기도 한다. 은퇴는 인생의 새로운 출발점이다. 새로운 진로개척에 있어 주변의 도움과 조언은 절대 필요하다.

〈주간조선 1673호〉

위의 글은 한 기사에서 발췌한 내용이다. 위의 글을 책의 맨 앞에 쓴 이유는 우리 한국사회가 얼마나 급변하고 있고 또 지금까지 믿고 있던 가치가 얼마나 보잘 것 없는가를 보여주기 위해서다. 우리는 그 동안 좋은 직장이 미래를 보장해주는 것으로 알고 살아왔다. 하지만 위에서 본 것처럼 기업의 상시적인 구조조정에 따라 직장인은 언제 있을지 모를 자발적, 비자발적 퇴직에 대처해야 하는 상황이다.

II. 불투명한 직장생활

그러면 또 다른 기사를 한번 살펴보자.

– 직장인 77%, 현 직장에 불만족… 불투명한 비전과 낮은 연봉 탓 –

온라인 채용정보 사이트인 잡코리아(대표 김 화수 www.jobkorea.co.kr)가 직장인 3,778명을 대상으로 조사한 결과, 응답자의 77.18%인 2,916명이 현 직장에 만족하지 않고 있는 것으로 나타났다.

반면, 현 직장에 만족한다는 응답은 22.82%(862명)에 불과했다.

기업 형태별로는 중소기업이 82.39%로 불만족도가 가장 높았으며 벤처기업이 78.03%, 공공기관이 72.41%, 금융권이 64.84% 순이다.

대기업 직장인들의 불만족도는 62.98%였으며 외국계 기업은 55.64%로 가장 낮았다.

직종별로는 생산/기술직이 83.02%로 가장 높았으며 IT/정보통신직 78.31%, 사무/관리/회계직 77.71%로 나타났다.

기획/홍보직은 72.27%, 마케팅/영업직은 70.85%로 상대적으로 타 직종 종사자들에 비해 낮았다.

　불만족 이유로는 '현 회사의 불투명한 비전'이 42.18%(1,230명)로 가장 높았으며 '낮은 연봉'도 26.95%(786명)로 조사됐다.
　이 외에 '담당 업무에 대한 불단족'이 13.24%(386명), '상사 및 동료와의 불화'가 9.77%(285명)로 나타났다.

〈inews24, 2002년 8월 19일〉

　위의 자료에서도 알 수 있듯이 대다수의 직장인들은 자신의 직장에 만족하지 못 하며 살아가고 있다. 그리고 그 정도는 과거에 비해 더욱 심해졌음을 알 수 있다. 물론 과거에도 직장에 대한 불만은 항상 즌재해 왔다. 그럼에도 불구하고 과거에는 직장생활을 통해 비교적 안정적인 생활을 영위할 수 있었고 은퇴 후에도 나름대로의 삶을 누릴 수 있었기 때문에 대다수 직장인은 평생을 한 직장에 만족하며 살아갈 수 있었다.
　하지만 보라! 지금의 직장인들은 현재 회사의 불투명한 비전과 낮은 연봉으로 심각한 고민에 빠져 있다. 그들도 직장이 그들의 미래를 보장해 주지 못 한다는 사실을 잘 알고 있기 때문이다.

Ⅲ. 적은 수입, 높아지는 지출

직장인들을 괴롭히는 것은 이것만이 아니다.

- 근로소득세 증가율, 소득증가율의 3.7배 -

근로자들의 실질소득은 2001년에서야 지난 1996년 수준을 겨우 넘어선 반면, 근로소득세 실질부담 증가 속도는 실질소득 증가율의 3.7배를 웃도는 것으로 밝혀져 근로자의 세금 부담이 높아진 것으로 나타났다.

그러나 상속·증여세 명목세율 인상에도 불구하고 고액 재산가들의 세금부담은 오히려 낮아진 것으로 조사됐다.

16일 재정경제부가 한나라당 정 의화 의원과 민주당 강운태 의원에게 제출한 2002년 국정감사 자료에 따르면, 1996년 근로자 실질소득과 실질 근로소득세를 100으로 했을 때, 2001년 근로자 실질소득은 101.9로 소폭 증가에 그쳤다.

반면, 같은 기간 실질 근로소득세는 107.1로 7.1% 늘어나 세금 증가율이 소득증가율의 3.74배에 달했다.

근로자들의 실질소득은 1996년을 100으로 할 때, 97년 96.4, 98년 86.1로 급감한 뒤 99년 93.2, 2000년 95.0을 기록했으며 2001년에는 외환위기 이전 수준을 회복했다.

같은 기간 실질 국내총생산(GDP)은 100에서 122.5로 22.5% 늘어나 외환위기 극복 과정에서 적잖은 성과가 있었지만 근로소득자들의 경우, 세금 부담만 높아진 것으로 지적됐다.

이와 같은 근로소득자의 세금 부담 증가에도 불구하고 고액 재산가들의 상속·증여세 부담은 오히려 줄었다.

상속세와 증여세 명목세율은 높아진 반면, 산출세액을 과세표준으로 나눈 실효세율은 상속세와 증여세 모두가 낮아졌기 때문이다.

상속세와 증여세 명목세율인 법정세율은 97~99년 기간 중, 1억 원 이하 10%, 5억 원 이하 20%, 10억 원 이하 20%, 50억 원 이하 40%, 50억 원 초과 45%였으나 2000년 이후에는 1억 원 이하 10%, 5억 원 이하 20%, 10억 원 이하 30%, 30억 원 이하 40%, 30억 원 초과 50% 등으로 강화됐다.

반면, 상속세 실효세율은 2001년 34.2%에서 2002년 31.3%로, 같은 기간 증여세 실효세율은 31.3%에서 28.8%로 하락했다.

〈머니투데이 2002년 9월 16일〉

직장인은 국민이 공평하게 져야 할 납세 의무에서조차 실질적으로 불평등한 대접을 받고 있다. 위에서 보듯이 직장인의 실질소득이 2001년에서야 겨우 IMF 이전 수준으로 회복되었는데 부담해야 할 근로소득세는 IMF 이전보다 3.74배나 인상된 것이다. 버는 돈은 같은 수준인데 내야 할 세금은 훨씬 많아진 셈이다.

누구나 부자가 될 수 있는 원-원 마케팅

Ⅳ. 빛 좋은 개살구, 대기업 직장인

그래도 아직까지는 우리 사회에서 대기업에 근무하는 직장인들을 부러워하는 경향이다. 대기업에 다니는 직장인은 남들보다 높은 연봉을 받고 좋은 환경에서 근무한다는 인식 때문이다. 하지만 과연 그럴까?

- '대기업 고액연봉', 거품도 많다 -

"저희 ○○회사에서는 과거와 달리 대졸 신입사원 1년 차부터 정상적인 보너스를 지급합니다. 총액 기준 2,400만 원으로 △△회사와 비슷한 수준을 유지하고 있습니다."

초봉 2,400만 원 내외로 알려진 대기업 계열의 L유통. 최근 한 취업조사기관의 조사 결과, 초봉이 1,800만 원 수준으로 밝혀지자 각종 수당을 합쳐 2,000만 원이 넘는 것으로 정정 발표할 것을 요구했다. 회사 이미지 하락을 우려했기 때문이다.

대외적으로 알려진 '허수 연봉'과 '실제 연봉' 사이에서 고민하는 직장인들이 늘고 있다. 동종업계 동기들에게 자존심에 상처를 받는 것은 물론 결혼정보 회사나 금융기관에 개인 신상명세서를 제출할 때도 주눅이 들기 일쑤이다. 술자리에서는 소문과 다른 씀씀이로 종종 면박을 받기도 한다.

대기업의 87.5%가 실시 중인 연봉제는 원래 기업 내에서 능력에 따라 편차를 두겠다는 취지이다. 통상 연봉제 실시 회사는 15%의 경비절감 효과를 보는 것으로 알려져 있다. 하지만 최근 채용업체 인크루트의 조사에 따르면, 동종업계나 연차에서도 통산 1,000만 원 이상의 극심한 격차로 직장인들의 소외감을 부추기고 있다. 이는 능력차라기보다 오히려 회사 재정상태의 반영인 경우가 많다.

가장 큰 연봉차를 보이는 곳은 은행권으로 H은행 군필자와 국책은행인 S은행 군미필자는 각각 3,620만 원과 1,890만 원을 받아 거의 2배에 가까운 연봉 격차를 보인다. 최근 결혼정보 회사를 찾은 은행원 김 모(28세)씨는 자신의 구체적인 연봉 액수를 감추느라 진땀을 뺐다. 입사 2년차인 김 씨는 국책은행이라 기본 베이스가 낮은 데다 군미필자라 연봉이 2,000만 원을 밑돌았기 때문이다. 담당 커플매니저는 연봉은 그리 중요한 요소가 아니라고 안심시켰지만 이후 약속 장소에 나온 여성을 대할 때마다 그는 실망감을 감출 수 없었다. 이후 김 씨는 의사, 변호사 등 전문직종이 아닌 이상, 샐러리맨은 연봉에 따라 A, B, C, D, 4등급으로 구분, 관리된다는 사실을 관계자를 통해 전해 들었다.

대기업 건설회사에 다니는 양 모(27세)씨는 은행을 찾아 대출을 신청했다가 망신을 당했다. 건설업계의 불황으로 2,000만 원에도 못 미치는 연봉을 받고 있는 양 씨는 서류에 500만 원 정도 상향된 연봉을 적어냈다가 추가서류 제출시 연말정산표에 드러난 수치 때문에 톡톡히 망신을 당했다. 그는 얼마 전 증권사에서 주식계좌를 만들 때도 비슷한 경험을 했다.

이런 현상은 외국계 기업이라고 해서 예외는 아니다. 외국계 C은행에 다녔던 최 모씨(32세)는 입사 1년 만에 회사생활을 정리했다. 외국계 회사가 '칼퇴근'과 고액연봉, 다양한 복지혜택의 대명사로 알려져 있지만 실상은 너무나 달랐던 것이다. 1,800만 원 남짓 초봉에 시간외 근무가 거듭됐다. 여성인 최 씨는 직장 내 평등한 기회 제공이 한국인 여성에게는 해당되지 않는다는 사실에 더욱 격분했다. 헤드헌팅 관계자들은 "능력과 상관없이 연봉격차가 벌어지는 것은 업종별 경기상황과 분야별 인력수급의 편차 때문"이라며 "연봉에 연연하기보다는 개인의 가치를 키워 후일을 도모할 것"을 주문했다.
〈스포츠투데이 2002년 5월 24일〉

위에서 보듯이 대기업은 자기 회사의 이미지 때문에 대외적으로 발표하는 연봉과 실제적으로 직장인이 받는 연봉이 다른 경우가 자주 있다. 또 그 회사에 근무하는 직장인은 대기업이라는 허울 좋은 간판 때문에 그런 불만을 감수하고 근무해야 한다. "그래도 우리 회사가 다른 회사보다는 좀 낫겠지"라는 생각으로 말이다.

V. 회사를 떠나는 사람들

상황이 이렇다 보니 회사생활을 기피하는 젊은이들이 점점 늘고 있다.

- 30대 직장인들 "회사생활은 싫어"-

명문대 출신의 대기업 근무 3년차인 최 모(30세)씨는 작년 1월, 직장에 사표를 던지고 9급 공무원시험 준비에 나섰다. 촉망받던 옆 부서 부장이 업무상 실수로 상무에게 불려갔다 온 지 하루 만에 권고사직을 당한 사건이 계기였다. 최 씨는 "새벽 5시 30분에 일어나 콩나물 시루 같은 지하철에 시달리며 강남에 있는 직장에 출근한 뒤 밤 12시까지 거래처 접대를 했다"며 "그렇게 일해도 마흔을 넘기면 명퇴를 걱정해야 하는 현실이 암담했다"라고 했다.

최 씨는 지난 3월, 경기도 시청공무원(9급) 공채시험에 합격했다. 연봉은 1,900만 원에서 1,600만 원으로 줄었지만 칼퇴근과 고용 보장을 감안하면 시간당 임금은 오히려 높다는 게 그의 주장이다. 그는 9급으로 근무하면서 퇴근 후 7급 시험을 준비하고 7급에 붙으면, 관세사, 감정평가사, 변리사 시험 중 하나를 볼 계획이다.

9급 공무원 공채시험에 30대 초반의 남성 응시자들이

몰리고 있다. 전체 응시자는 2000년 10만 5,831명에서 2001년 9만 306명으로 줄었지만 그 중 30~32세 남성 응시자는 같은 기간 5명에서 4,991명으로 폭증했다. 합격자도 2000년엔 단 한 명도 없었지만 작년엔 315명이나 됐다. 이들 중에는 대기업 및 중소기업 근무 경험자가 상당수 포함된 것으로 행정자치부는 추정하고 있다.

명문대 공대를 졸업한 뒤 3년 간 대기업에 다닌 김 모 (30세)씨도 지난달 사표를 내고 집 근처 시립도서관에서 9급 공무원 시험공부를 하고 있다고 했다. 라이벌 명문대를 졸업한 고교동기가 작년에 회사에 사표를 던지고 9급 시험에 합격한 것이 계기였다. 미혼인 김 씨는 "장차 결혼하면 가족과 많은 시간을 보내며 조용하고 즐겁게 살고 싶다"라고 했다.

대학 졸업 후 2년 간 제조업체에 다니다 2001년 12월, 중앙부처에 임용된 K(32세)씨는 "퇴근이 빠르고 상사에게 덜 시달려 대만족"이라고 했다. 2001년 1월, 중앙부처의 지방청에 임용된 김 모(30세)씨는 "회사원 친구가 저녁 7시에 상사에게 '조퇴(早退)'를 허락받는 모습에 질렸다"며 "그렇게 해서 언제 자기 능력을 키울 수 있겠느냐?"라고 반문했다.

한국직업능력개발원의 김 형만 박사는 "IMF 이후 고용 불안과 경쟁이 심화되면서 직장에 취업했던 30대 초반

청년층이 돈과 출세를 포기하고 인생을 즐기려는 쪽으로 유턴(U-Turn)하는 현상으로 분석된다"라고 말했다.

이화여대 함 인희(사회학) 교수는 "사회적 성공보다 개인적 가치를 추구하려는 다원화(多元化) 현상이지만 국가 전체적으로 볼 때, 지식청년층이 '경쟁 스트레스'를 모면하고 안주하려는 경향이 바람직하진 않다."라고 말했다.

〈조선일보 2002년 5월 28일〉

앞서 우리가 살펴 본 직장인의 현실이 얼마나 참담한지를 느낀 사람이라면 위와 같은 30대들을 충분히 이해하고도 남음이 있을 것이다. 하지만 공무원 생활이라고 해서 스트레스가 없거나 자아실현을 할 수 있다고 쉽게 생각해서는 안 된다는 것을 우리는 잘 알고 있다.

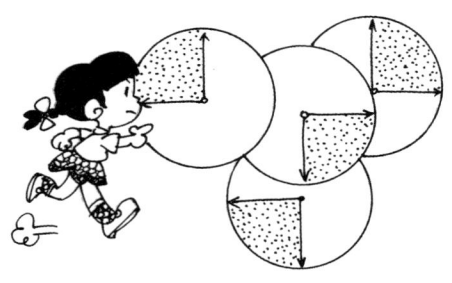

VI. 직장인의 자아실현은 불가능?

과연 직장인은 자기가 원하는 정도의 높은 연봉과 자아실현은 불가능한 것일까? 꼭 그렇지단은 않다.

'밀리언 샐러리맨' 이 늘고 있다
- 증권사 애널리스트 · 펀드매니저 등 연봉 10억 원 넘어 -

억대 연봉은 봉급생활자라면 누구나 꿈꾸는 선망의 대상이다. 연봉제와 성과급제 등이 확산되면서 주변에서 억대 연봉자를 찾기도 어렵지 않다. 대기업이나 금융기관의 임원이 되면 억대 연봉자 반열에 오르는 경우가 많다.

4일 헤드헌팅업계에 따르면, 연봉 1억 원 이상 샐러리맨은 2000년 21,000여 명(전체 근로자의 0.4%)에서 올해는 26,000여 명에 이를 것으로 추산된다. 최근에는 컨설턴트 등 전문직 가운데 연봉 10억 원을 넘는 소위 '밀리언 샐러리맨' 도 늘고 있다.

밀리언 샐러리맨이 집중되어 있는 직종으로는 증권사 애널리스트 및 영업직원, 투신권의 펀드매니저를 비롯해 국내에 진출한 외국계 국내지점 지점장, 외국계 컨설팅사 파트너, 최고경영자(CEO) 등을 꼽을 수 있다.

하지만 여전히 억대 연봉은 평범한 월급쟁이들에겐 아

직도 낯선 단어다.

억대 연봉을 받는 고액 봉급생활자들은 과연 어떤 사람들일까?

HR 코리아(www.hrkorea.co.kr) 김 성주 대표는 "억대 연봉자들은 일관된 경력관리를 통해 자신의 상품 가치를 높일 뿐만 아니라 대학원 진학 등 자기계발에도 세심한 주의를 기울인다는 것이 공통점이다"라고 설명했다. 그는 "상당수 억대 연봉자들이 국내외 대학원을 졸업했으며 특히 이들 중 절반 이상이 MBA 과정을 수료한 것으로 분석된다"라고 말했다.

절반 이상이 외국계 기업에서 근무한 경험이 있고 4~7년을 주기로 직장을 옮기는 것도 억대 연봉 샐러리맨들의 특징으로 꼽히고 있다.

〈일간스포츠 2002년 8월 5일〉

자, 위에서 보듯이 샐러리맨도 억대 연봉을 받을 수 있다. 하지만 그 속내를 살펴보면 샐러리맨이 억대 연봉을 받는다는 것이 정말 어려운 일이라는 것을 잘 알 수 있다. 억대 연봉자 중 상당수가 국내외 대학원을 졸업한 것을 알 수 있다. 거기다가 미국의 MBA 과정을 수료한 사람이 대다수라는 사실은 평범한 샐러리맨은 감히 도전하기 힘든 일이다. 그 많은 비용을 지불한다는 것이 쉬운 일이 아니기 때문이다.

VII. 전문직이 흔들린다

  그래서 많은 사람들은 전문직을 꿈꾼다. 좀 어렵더라도 자기가 열심히 노력해서 획득한 전문 자격증을 갖고 일반 직장인보다 더 높은 수입과 안정을 누리기 위해서다. 하지만 그 동안 높은 수입이 당연시되던 전문직조차 이제는 흔들리고 있다.

  - 공인회계사 실업 공포 -

  공인회계사(CPA) 합격자에게 큰 일이 벌어지고 있다.
  한때 의사, 변호사와 더불어 3대 '士字' 돌림 고소득자의 대명사인 회계사 자격증이 날개없이 추락하고 있는 것이다.

  오는 19일 합격통보를 받을 CPA는 1,000명. 그런데 삼일, 안진 등 주요 회계법인들이 올해 뽑겠다는 인원은 겨우 155명. 전혀 계산이 맞지 않는다.

  작년 채용인원 610명보다 무려 75%나 감축한 것이다. 불과 2년 전, 이른바 '빅5' 회계법인들이 합격자의 97.6%를 '모셔 갔던' 것과는 전혀 딴판이다.
  이처럼 채용규모를 급격히 줄이는 배경에는 모종의 '사보타지(sabotage)'가 숨어 있다는 분석도 있다.

미국의 엔론(Enron)사태 등 대규모 회계부정 후폭풍으로 동일기업에 대한 감사와 컨설팅 업무를 분리하게 되는 상황 변화가 바로 그것이다.

미국에선 이미 지난 7월말, '감사 – 컨설팅 분리' 법규정을 만들었고 우리나라는 올가을에 법을 고쳐 내년부터 시행할 방침이다.

하지만 일부에서는 정부 정책을 담보로 회계법인이 실력행사에 나서고 있다는 지적도 있다.

삼일회계법인 관계자는 3일 "컨설팅업무 제한에 대비해 최악의 경우 올해 회계사를 한 명도 뽑지 않을 계획"이라며 "감사만 수행한다면 현재 인력(한국 공인회계사 1,280명)도 과잉"이라고 말했다.

삼일은 △2000년 311명 △2001년 278명 등 매년 수습 회계사를 가장 많이 흡수한 국내 최대법인이다.

올해 800여 명, 자리 못 잡을 듯
올해 삼일, 안진 등 '빅5' 회계법인의 신규채용 계획은 약 155명. 업계에서는 중·소 회계법인을 합쳐도 200명 수준을 넘지 못할 것으로 추산하고 있다.

지난해 101명을 선발했던 안진회계법인은 올해 잠정

선발인원을 작년의 20% 수준인 20여명으로 잡았다.

김 익래 안진회계법인 부회장은 "당초 70명 선발을 예
정했지만 컨설팅 업무를 제한 할 경우 수익구조가 완전히
달라지는 만큼 채용인원을 대폭 줄인 것"이라고 말했다.
올 3월 하나회계법인을 분사시킨 안건(安建)회계법인 신
규채용보다는 기존인력 교육을 강화한다는 방침이다. 이
회사의 예상 선발인원은 30명 안팎이다.

안건은 지난해 업계 세 번째인 93경을 선발했었다.

올해 회계사 최종합격자는 지난해에 이어 1,000명가량
이다. 이 중 800여 명은 합격자 발표 직후 선발과정에 들
어가는 회계법인에서 수습과정을 밟지 못 하고 일반기업
체로 발길을 돌려야 한다는 얘기다. 합격자가 2000년
(555명)에 비해 2배로 늘어난 지난해에도 250명가량은
초기에 직장을 잡지 못 했다. 2000년 '빅5' 회계법인이
합격자 중 97.6%(542명)를 쓸어간 것에 비하면 합격자
들의 애를 태우고 있는 셈이다.

'톱 클래스' 회계법인들이 채용을 주저하는 이유는 정
부가 같은 회사에 대한 감사(監事)와 컨설팅을 분리하는
법안을 추진 중이기 때문이다.

법인들이 경영진단 등 평소 컨설팅 수수료를 받는 기업

들의 회계감사를 느슨하게 하는 경우가 많다는 이유에서다. 대형 법인의 급속한 인력감축도 같은 맥락이다. 삼일의 경우, 지난 회계년도 컨설팅에서 1,391억 원을 벌었다. 매출액의 66%에 해당하는 거액이다. 반면, '본업'인 회계감사 수입은 665억 원(31.6%)에 불과하다.

일부 회계사들은 "친구들 모임에 나가면 주눅든다"라고 서슴없이 말한다.

현재 수습 1년차 연봉은 2,800만 원 수준이다. 대우가 좋은 일반 금융기관에도 못 미친다. 결산 후 7월 말에 일괄적으로 주는 특별보너스를 합쳐도 3,000만 원을 넘지 못 한다. 올해 삼일은 300만 원의 특별보너스를 지급했다. 일감이 많았던 IMF 직후에는 보너스로만 1,000만 원을 챙기는 회계사들도 많았음을 감안하면, 하늘과 땅 차이다.

노동 강도를 고려하면 회계사들의 사정은 더욱 심각하다. 정기 기말감사 외에 분기, 반기 검토와 각종 용역까지 감안하면, 1년 내내 바람 잘 날이 없다. 12월 결산 법인 정기감사(1~3월)만 마치면 연말까지 여유롭다는 말은 이미 옛말이다.

법인에서 탈락해 일반 금융기관을 택한 회계사들의 불만 역시 높다.

H은행에서 수습과정을 밟고 있는 한 회계사는 "수습기간이 회계법인(2년)보다 1년 길고 봉급에 자격수당으로 5만 원이 붙을 뿐 나머지는 일반 대졸자와 같다"며 "더 큰 문제는 회계사의 핵심인 '감사 기법'을 전혀 배우지 못 하고 있다는 사실" 이라고 푸념했다.

〈매일경제 2002년 9월 10일〉

　그 동안 공인회계사는 고소득 직업의 대명사 중 하나였다. 하지만 하루가 다르게 바뀌어가고 있는 현실은 과거의 영광을 무색케 하고 있다. 이제는 더 이상 공인회계사는 높은 연봉과 안정된 생활을 보장해주지 않는다.
　이런 현실은 다른 전문직에서도 마찬가지다. 컴퓨터 기술과 인터넷의 발달은 과거 일부 전문가만 해낼 수 있었던 일을 누구나 쉽게 할 수 있게 만들고 있기 때문이다.

Ⅷ. 서민의 영원한 설움, 주택문제

자, 이제 서민의 또 다른 고민 중 하나인 주택문제를 살펴보자. 우리나라와 같이 국토면적이 작고 인구가 많은 나라에서 주택문제는 실로 심각한 문제다. 그래서 서민들의 평생 목표가 '내 집 마련'일 정도이다. 그러면 일반 직장인이 자기 집을 마련하는 데는 얼마나 걸릴까?

– 내 집 마련에 평균 8.1년 걸려 –

그 동안 꾸준히 줄어들던 서민들의 내 집 마련 기간이 다시 늘고 있는 것으로 나타났다. 이는 지난해 이후 집값이 크게 오르고 있기 때문으로 풀이된다.

28일 국민은행에 따르면, 결혼 후 내 집 장만 기간이 96년 8.9년에서 △97년 8.8년 △98년 8.5년 △99년 7.8년 △2000년 7.3년으로 꾸준히 줄다가 2001년에는 8.1년으로 다시 늘었다.

올해엔 집값이 지난해보다도 크게 올라 내 집 마련 기간은 더욱 길어질 것으로 추정된다.

또 지난해 주택을 마련하는 데 든 평균비용은 서울이 1억 3,140만 원, 광역시 7,796만 원, 중소도시 8,961만 원으로 각각 나타났다.

특히 분양가가 상대적으로 비싼 서울, 인천, 경기를 포함한 수도권은 1억 1,525만 원으로 나머지 도시(7,844만 원)보다 50%가량 많이 들었다.

직업별로는 △자유직업자가 1억 3,950만 원을 △자영업자가 1억 1,324만 원을 △봉급생활자가 8,419만 원을 △일용직 근로자가 8,476만 원을 각각 쓴 것으로 조사됐다.

연령대별로는 60세 이상이 1억 4,018만 원으로 가장 많이 썼고 △40대가 1억 208만 원 △50대가 9,367만 원 △30대가 9,299만 원 △20대가 6,235만 원 순으로 뒤를 이었다.

〈동아일보 2002년 8월 29일〉

위의 기사에서 보듯이 대도시에 사는 일반서민들이 자기 집을 장만하려면 평균 1억 원 이상이 들어간다. 일반서민에게 1억 원은 분명 적은 돈이 아니다. 알뜰살뜰 모으고 저축해도 10년 이상 걸리는 돈이다. 그 동안의 여가나 자아실현은 꿈도 꿀 수 없다.

그래도 자기 집을 마련한 사람들은 우리사회에서는 행복한 사람들이다. 다음의 기사를 살펴보자.

- 서민, '집 없는 설움' 커졌다 -
서민, 서울 전세값, 1년 동안 물가보다 3.5배 뜀박질

정부의 각종 주거안정 대책에도 불구, 지난 1년 간 서울 지역의 전세값이 소비자물가에 비해 3.5배나 상승하는 등 무주택 서민의 주거비 부담이 가중되고 있다.

2일 통계청에 따르면, 지난해 6월부터 올 6월까지 품목별 소비자물가 상승률을 분석한 결과, 무주택 가구가 전세와 월세 등의 형태로 부담하는 주거비 상승률이 5.2%를 기록했다. 이는 같은 기간 전체 소비자물가 상승률(2.6%)의 두 배나 되는 것이다.

특히 전세값 상승률(7.13%)이 월세(1.9%)의 4배에 육박, 전세 거주자의 부담이 월세 세입자보다 상대적으로 높았던 것으로 나타났다.

반면, 같은 기간 중 보건·의료(-2.3%), 교통·통신(-1.2%), 광열·수도(-5.0%) 등은 오히려 마이너스 상승률을 보여 식료품비(4.1% 상승)를 제외할 경우, 주거비의 대폭적인 상승이 서민 부담의 가장 큰 요인으로 작용했던 것으로 분석됐다.

지역별로는 서울 강남을 중심으로 부동산 투기가 재연되었던 서울지역 무주택자의 부담이 가장 크게 증가했다. 통계청 관계자는 "서울지역 평균 전세값 상승률은 9.56%로 주요 광역도시 가운데 전세값이 가장 안정된 광주(1.18%)에 비해 8배나 높았다"라고 했다.

민간연구소 관계자도 "서울지역 전세값 상승률은 최근 1년 동안의 근로자 임금상승률(7.7%)을 능가하는 것"이라며 "지난해 이후 불어닥친 부동산 투기로 멀어진 서민들의 '내 집 마련'의 꿈이 물가지표에도 반영되고 있다"라고 설명했다.

〈한국일보 2002년 7월 4일〉

　집 없는 설움은 겪어보지 않은 사람은 모를 것이다. 그래서 누구나 자기 집을 구하기 위해 노력한다. 그 전 단계로 전세나 월세를 많이 이용하게 되는데 위에서 보듯이 높아만 가는 전세값 상승은 일반서민들에게 큰 고통을 안겨주고 있다.

IX. 나도 내 사업을 하고 싶다

그래서 모든 직장인들은 자기만의 사업을 꿈꾼다. 이 글을 읽고 있는 당신도 예외는 아닐 것이다. 일단 상사의 눈치를 볼 필요가 없고 열심히 노력만 하면 큰 돈을 벌 수 있기 때문이다.

- "역시 먹는 장사가 최고"… 직장인 80%가 창업 검토 -

우리나라 직장인은 평생직장으로 음식점을 하고 싶어한다.

창업정보회사인 kk114(www.kk114.com)가 최근 전국 20세 이상 성인남녀 2,558명을 대상으로 '창업 관심 업종'에 대해 조사한 결과, 응답자의 20.2%가 요식업, 온라인상의 무점포사업이 14.9%, 정보통신업이 12.2%, 교육 · 보육사업이 8.2%로 그 뒤를 이었다. 문구 · 의류 등 소규모 판매점, 애완동물센터, 대여점 등도 적지 않아 제조업보다는 서비스업에 치중하는 경향을 보였다.

창업자금으로는 5,000만~7,000만 원이 28.7%, 2,000만~5,000만 원이 22.9%를 차지해 조사대상자의 절반 이상이 소규모 창업을 원하는 것으로 분석되었다.

kk114의 최 계경 사장은 "먹는 장사는 특별한 기술이 없어도 되므로 관심 있는 사람이 많다"며 "먹는 장사는 망하지 않는다는 속설도 작용하는 것 같다"라고 했다.

한편, 우리나라 직장인 10명 중 8명 이상이 창업을 검토 중이며 절반 이상이 2~5년 내에 창업에 나서겠다고 응답해 직장인들의 '탈 직장' 의지를 짐작케 했다.

〈굿데이 2002년 6월 5일〉

위의 기사에서 보듯이 우리나라 직장인의 대다수는 자기만의 사업을 하고 싶어 한다. ㅎ지만 거기에도 여전히 한계가 있다. 대다수의 직장인들은 소규모 창업과 서비스 업종을 원하고 있다. 소규모 창업은 거대 점포를 갖고 있는 기업들에게 언제나 희생될 수밖에 없다. 그리고 서비스 업종은 치열한 경쟁을 뚫어야만 살아남을 수 있다. 결정적으로 한 개인이 운영하는 소규모 사업은 운영의 한계, 광고의 한계 등으로 정말 어려울 수밖에 없다. 그래서 주위를 둘러보면 여러 프랜차이즈 업체들이 저마다 자기만의 노하우, 성공비법을 가지고 신규사업자를 모집하는 것을 볼 수 있다. 하지만 한번 잘못 선택할 경우, 인생에서 큰 낭패를 볼 수도 있다.

- 서민 울리는 프랜차이즈 사기 - "체인점 열었는데 불법영업이라니."

서울 중구 충무로에서 'PC방 비슷한' 점포를 운영하는 허 모(44세)씨는 요즘 한숨만 나온다. 올 4월, 일간지 광고를 보고 어느 프랜차이즈 업체(체인점)에 가맹했다가 빚더미 위에 올라앉았기 때문이다.

신개념 'PC방'으로 개인사업자를 위한 소호(SOHO) 사무실과 학습방 기능까지 있다는 그럴듯한 광고에 속아 가맹비 300만 원을 내고 1억여 원의 빚까지 얻어 가게를 열었으나 곧 황당한 일이 꼬리를 물었다. 공사비를 가로채는 이상한 행태가 이어지더니 마침내 한 달 뒤 불법개업으로 경찰 단속에 걸린 것이다.

허 씨는 "본부에서는 법규위반인 줄 몰랐다고 발뺌한다"며 "이렇게 주먹구구식으로 사업자를 모집할 수 있느냐"라고 분통을 터뜨렸다.

대전 중구에서 프랜차이즈 치킨점을 운영하는 이 모(41세)씨는 올 4월, 상권 보장 약속을 어기고 불과 700m 거리에 같은 치킨점을 내 준 가맹본부 때문에 울상이다. 이 씨는 현재 본사에 내용 증명을 보내고 법정소송을 준비 중이다.

서울 노원구 상계동에서 농산물 판매체인점을 낸 윤 모(49세)씨는 물건을 제때에 공급하지 않거나 훼손된 물건을 공급하는 본부측에 여러 번 항의하다 결국 문을 닫아야 했다. 윤씨는 "본사에 계속 항의했으나 묵묵부답이었다"라고 울먹였다.

▽ 사기성 프랜차이즈의 난립문제는 사업 노하우는 물론 사업 의사도 없으면서 가맹비와 공사비만 챙겨 사라지는 악덕업체들의 정리만이 해결책이다.

적은 돈으로 창업하는 사람들이 주로 이용하는 프랜차이즈는 매년 30~40%씩 시장규모가 커지는 추세이다. 이에 따라 김밥집, 약국, 쌀가게, 교육사업 등 모든 영역에서 각종 프랜차이즈가 등장하면서 사기성 업체들이 덩달아 늘고 있는 것이다.

한국유통학회 변 명식(장안대 유통경영학과 교수) 부회장은 "조금만 안 되면 부도를 내고 사라지는 프랜차이즈 가맹본부가 15~20% 정도 될 것"이라며 "현재 가맹점 수만 해도 15만~16만 개로 추산되는 만큼 알려지지 않은 피해는 훨씬 더 많을 것"이라고 말했다.

중소기업청 소상공인 지원센터 양 승근 상담사는 "사업자 등록만 하면 쉽게 프랜차이즈를 할 수 있는 점을 악용한 전문 '꾼'들이 있다"라고 밝혔다.

〈동아일보 2001년 11월 6일〉

원래 프랜차이즈 사업이란 맥도날드, 피자헛처럼 체인본사가 가맹점에 조직, 교육, 상품공급, 영업, 관리, 점포개설 등의 노하우를 브랜드와 함께 제공해 사업을 영위해 나가는 관계를 말한다. 다시 말하면, 제품을 만들어 판매하는 제조업체나 판매업체가 본사가 되고 독립소매점이 가맹점이 되어 소매영업을 체인화하는 사업형태이다. 본사는 가맹점에 해당지역 내에서의 독점적 영업권을 주는 대신, 본사가 취급하는 상품의 종류, 광고, 점포 인테리어, 서비스 등을 직접 구성하고 관리하는 것은 물론 가맹점에 교육지원, 경영지도, 판촉지원 등 각종 경영 노하우도 제공한다.

이에 대해 가맹점은 본사에 가맹비, 로열티 등 일정한 대가를 지불하고 사업에 필요한 자금을 직접 투자해 본사의 지도와 협조를 통해 독립된 사업을 영위하는 사업 시스템인 것이다. 결국 프랜차이즈 비즈니스란 본사와 가맹점 간의 협력사업 시스템이라고 할 수 있다.

그래서 성공적인 프랜차이즈 사업은 여타 개인이 하는 사업보다 높은 성공률을 보인다. 한 외국계 패스트푸드 프랜차이즈 사업은 성공률이 98.5%에 이르고 있다. 하지만 이런 성공적인 프랜차이즈 가맹점을 운영하려면 최소한 4~5억 원의 비용이 들어간다. 이런 성공률에 자극받은 사람들을 대상으로 조잡한 운영과 허무맹랑한 성공 노하우를 가지고 사기치는 악덕 사업자들이 판치고 있는 게 요즘 프랜차이즈 사업의 현실이다.

X. 투잡스(Two Jobs)족이 뜬다

그래서 요즘 각광받고 있는 것이 투잡스(Two Jobs)이다. 쉽게 말하면, 현재의 직장이나 사업을 그대로 유지하면서 남는 시간에 다른 부업을 하는 것을 말한다.

- '투잡스(Two Jobs) 족'이 뜬다 -

'투잡스족'이란 생활고에 시달려 돈을 더 벌어 볼 생각으로 평생직장 개념이 사라지면서 생겨난 불안감으로 자신만의 부업을 갖는 직장인들을 말한다. 한 구인·구직 전문 인터넷 사이트의 설문조사에 따르면, 직장인 중 무려 87%가 기회만 된다면 부업을 원하는 것으로 나타났다.

주 5일 근무제가 확산되면서 여유시간이 늘어난 직장인들이 성공적인 투잡스족으로 거듭날 수 있는 부업들을 알아본다.

■ 소자본 창업

부업으로 창업을 생각하면서도 자본이 부족한 사람들에게 유리한 직종이 있다. 자판기 사업이 그 대표적인 사례이다. 음료 자판기, 간식 자판기, 악세사리, 인형 자판기등 각종 자판기를 구입해 목 좋은 곳에 설치하면 된다. 비용은 대략 1,000만 원 내외이다. 문제는 단기간에 높은수익을 올릴 수 있지만 최적지라 하더라도 사업의 라이프사이클(수명)이 짧다. 최근 인터넷 사이트에 '구멍가게'

를 차려주는 쇼핑몰 임대사업이 인기다. 라이코스, 다음, 엠파스, 하이홈, 야후 등 인터넷 포털 사이트의 경우, 150만~300만 원 정도만 투자하면 쇼핑몰을 임대해 주거나 구축해 준다.

■ 전문직 부업

전문직에 종사하는 사람들은 자신의 특기를 살린 직종을 부업으로 선택하는 것이 유리하다. 특히 증권, 은행 등 금융권에 종사하는 직장인이라면 인수 · 합병(M&A) 중개업, 서류관리 대행, 엔젤 투자 중개업 등이 유망부업이다. 건설관련 업체에 근무하는 한 과장은 서류관리 대행만으로 1건당 500만 원의 수익을 올리고 있다.

■ 부부 창업

어느 정도 자본이 확보된 상태에서 안정적인 부업을 원한다면 PC방, 소호 비즈니스맨을 위한 공동사무실 등이 적합하다. 이 경우 1년 365일 영업해야 하므로 부부가 교대로 관리하고 아웃소싱 개념으로 아르바이트를 활용할 수도 있다. 이와 같은 직종의 경우, 대부분 컴퓨터 사용 시간으로 요금을 정산해 시스템에 남겨 비용을 산출하기 때문에 관리가 쉽다.

취업전문 사이트인 인크루트 이 광석 사장은 "투잡스족이 되려면 금전적인 목표뿐만 아니라 시간적인 여유도 확인해야 한다"라며 "본업과 부업의 시간 분배에 실패해 이

중으로 스트레스를 받을 수 있다"라고 충고했다.

〈굿데이 2002년 8월 20일〉

　최근 들어 주 5일 근무제가 점차 확대됨에 따라 시간적으로 여유가 많아지면서 사람들은 보다 많은 수입을 위해 부업을 원하고 있다. 위에서 보듯이 부업의 종류도 천차만별이다. 하지만 자세히 살펴보면 여기에도 여러 가지 어려움이 존재한다. 먼저, 웬만한 부업은 목돈이 들어간다는 것이다. 자판기 한 대를 설치하는 것도 천만 원 정도의 돈이 들어간다. 그것도 목이 좋은 지역이어야만 어느 정도 수입을 올릴 수 있다. 그리고 부부 창업의 경우에도 부부가 1년 365일 하루도 쉬지 않고 일해야만 원하는 수입을 올릴 수 있다. 그리고 자칫 잘못하면 원래의 본업도 잘못될 가능성이 크다.

　물론 본업 외에 하나의 부업을 갖는 것은 좋은 일임에 틀림없다. 하지만 위의 기사에서 보듯이 이중(二重)의 스트레스를 받아가면서 일을 진행해 나간다는 것은 결코 좋은 일이 아니다. 그러면 자기의 본업과 더불어 자본도 거의 들지 않으며 안정적으로 진행해 나갈 수 있는 사업은 과연 없을까?

제2장
윈 – 윈 마케팅(Win-Win Marketing)

Ⅰ. 21세기의 새로운 기회

앞서 살펴 본 바와 같이 현재 한국 사회는 평생직장의 개념이 무너지면서 많은 혼란을 겪고 있다. 아울러 더욱 심화되는 빈익빈·부익부 현상은 많은 사람들에게 좌절감을 안겨주고 있다.

그렇다고 이대로 있어야만 할까? 이런 현실에서 경제적 안정, 여가 활용, 자아실현 등 내가 꿈꿔왔던 모든 것을 포기해야만 할까? 이제는 기존의 낡은 가치관을 벗어나 새로운 세계로 나아가야 할 때가 아닐까?

기존의 자본주의 사회에 있어서 경쟁은 필수요소였다. 자기가 남들보다 좀더 높은 자리에 올라가기 위해서는 상대방을 눌러야 했다. 나 이외에는 모두가 적이었던 것이다. 그래서 상대방을 누르기 위한 여러 가지 일들이 행해졌고 또 그런 일들로 인해 개인과 사회 모두가 심한 스트레스를 받아야만 했다. 그래서 앞서 보았듯이 이런 경쟁 사회를 벗어나고자 하는 젊은이들까지 생겨나고 있는 것이다.

그렇다면 과연 우리 모두가 이런 대립된 경쟁관계를 벗어나 "다함께(Together)", "더불어 즐겁게 하는 사업(Marketing)은 없을까?"

학력이나 경험, 자본의 유무를 떠나 서로 공생(共生)하면서 경제적 안정, 자아실현을 실현해 줄 그 무엇이 없을까? 이런 사업이 존재한다면 그 누구도 거부하지 않을 것이다. 이것이야말로 즐기며 일할 수 있는 나만의 직업이 될 수 있으며 가족, 친구, 이웃과 함께 즐겁게 할 수 있는 윈-윈 마케팅(Win - Win Marketing)이기 때문이다.

여기에 이런 윈-윈 마케팅을 실현할 수 있는 21세기의 새로운 기회가 하나 존재한다.

- 무자본 · 무점포 · 무학력 · 무경험으로 대박을 꿈꾼다 -

최 영 〈강남대 초빙교수 · 글로벌 아카데미 교수〉
필자는 1977년부터 1996년까지 주로 미국에서 연구활동을 하던 중, 주변에서 가끔 가정 방문(Home Meeting) 판매를 통해 큰 돈을 번다는 얘기를 들은 적이 있다. 하지만 그것에 대해 본격적으로 알아볼 기회는 없었는데 한국에 돌아와 여러 사람을 만나면서 네트워크업계의 현황을 자세히 들어볼 수 있었다.
전공이 기독교 사회윤리다보니 필자는 우리 사회에서 일어나는 갖가지 사건과 문제들을 흥미롭게 바라보게 되었다. 그런 시각에서 몇몇 네트워크 회사의 분위기를 살펴보니 퍽 인상적이었다. 〈중략〉

- 소유(所有)의 시대에서 공유(共有)의 시대로 -

최근 미국 하버드대 경영대학원의 데이비스와 마이어

교수가 출간한 '미래의 부(富)'는 인류역사에서 부(富)의 대이동 경로를 생생히 밝히고 있다. 인간이 불과 도구를 사용함으로써 원시생활을 청산하고 농경사회의 문을 연 후, 호미와 곡괭이 등을 이용해 땅에서 부를 창출하기까지는 4계절 즉, 1년이 걸렸다. 부의 분배는 땅주인의 일방적인 결정에 달려 있었고 인간의 가치는 힘을 얼마나 잘 쓰는가에 달려 있었다.

인간의 존엄성이 아니라 노동력이 가치판단의 기준이 되었으니 가축과 사정이 다를 게 없었다. 농업시대에는 땅이 인간의 가치에 앞섰다. '땅이 곧 돈'이었던 것이다.

산업사회에는 공장을 세우고 기계를 돌려 시간 단위로 돈을 벌었다. 그래서 '시간은 돈이다'라는 슬로건이 산업사회를 대변했다. 기계에 의한 대량생산 시대는 사람들을 소비욕에 불타게 했다. 산업시대는 물질적 풍요와 편리한 생활을 제공했으나 한편으로 인간은 기계부품 정도로 평가받게 되었다. 그래서 칼 마르크스는 산업사회의 자본주의가 인간의 소외를 야기했다고 공박했다.

산업사회는 사람을 고용할 때, "당신은 누구인가" 혹은 "당신은 어디서 왔는가" 보다는 "당신은 무엇을 할 수 있는가"라고 기능성을 물었다.

현재는 토플러가 말한 전자혁명의 시대다. 정보와 지식을 통해 돈을 버는 시대다. 그래서 '정보가 곧 돈'이라고 한다. 시간과 공간의 혁명, 속도의 혁명 그리고 지식의 보편화 등이 이 시대를 대변한다. 이제는 자본과 학력 대신 컴퓨터와 전자상거래로 돈을 번다. 대학졸업장이 반드시 필요한 게 아니라 현재 자기 업무의 전문가가 되면 '신지식인'으로 불린다. 전자혁명시대에는 무자본·무점포·무학력이 부를 창출하는 새로운 방법으로 자리를 잡아가고 있다.

전자혁명시대는 세계화 바람을 일으키며 국가 간 장벽이 없는 무한경쟁 시대를 열었다. 땅과 호미, 공장과 기계 대신 컴퓨터와 사이버 기능이 부(富)를 만들어내는 도구로 등장했다.

데이비스와 마이어 교수는 "옛날에는 사람이 돈을 잡으러 다녔지만 이제는 돈이 사람에게 다가온다"라고 말한다. 자신도 모르는 사이에 테이블 아래서 돈이 자란다는 것이다.

전자혁명시대에는 농경시대, 산업시대와 결별하면서 4T산업(IT:정보통신, ET:환경산업, BT:생명공학, NT:나노산업)이 핵심산업으로 뿌리내리려 하고 있다. 미래학자들은 이 새로운 물결의 배를 타지 않으면 현대 경제사회에서 몰락할 것이라고 경고한다.

미래학자, 제레미 리프킨은 '소유의 종말'에서 이와 같은 제3의 물결을 가리켜 "소유의 시대가 가고 공유와 접속의 시대가 오고 있다"라고 설파했다. 농경시대와 산업시대가 소유함으로써 존재했다면 오늘날은 공유함으로써

존재한다는 것이다. 〈중략〉

네트워크마케팅의 특징으로는 다음과 같은 것을 들 수 있다.

첫째, 자본과 시간으로부터 자유로운 사업이다. 소자본으로 본인이 직접 사장으로 출발한다. 여느 사업은 몇 천만 원을 투자해도 성공할 확률이 그리 높지 않고 투자금을 모두 날릴 위험도 있다. 하지만 네트워크마케팅은 무점포·무자본·무학력 사업이다. 단지 인맥만 있으면 된다. 본인에게 인맥이 없다면 팀이 뛰어들어 개발하면 된다.

일반적인 사업은 많은 인건비와 관리비가 필요하고 시간에 얽매여야 하지만 네트워크마케팅은 가사를 돌보거나 볼일을 보면서 눈치보지 않고 일하는 사업이다. 네트워크 사업의 구조는 '보스' 휘하의 계급체계가 아니고 내가 곧 주인이다. 자신이 뛰는 만큼 수입을 올리는 사업이다. 그래서 선배와 후배사업자 모두 '사장' 으로 불린다.

둘째, 네트워크 사업은 자격과 규격, 성(性)과 연령을 초월한다. 사회는 언제나 자격을 요구한다. 기업의 입사 전형에서는 학위와 자격증, 성, 연령, 신체조건 등을 따진다. 이런 요건들이 차별을 야기한다. 그러다 보니 오랜 기간 쌓은 경험을 바탕으로 사회와 국가에 공헌해야 할 40~50대 이상이 일선에서 밀려나는 현상이 빚어진다.

그러나 네트워크 사업은 20세 이상의 성인이면 누구나 제한없이 참여할 수 있다.

●여성도 할 수 있는 네트워크마케팅

셋째, 네트워크마케팅은 여성을 위해 태어난 사업이라고 할 수 있다. 지금까지의 사회는 남성의 독무대였다. 여성이 리더가 되고 비즈니스를 주도하면서 부(富)를 창출하는 기회는 적었다. 그러나 네트워크 업계의 리더 중, 약 80%가 여성이다. 여성은 감성적인 설득력이 뛰어날 뿐만 아니라 따뜻한 마음과 인내력을 바탕으로 인간관계를 끈끈하게 유지한다.

넷째, 네트워크마케팅은 상생(相生) 사업 즉, 윈-윈 마케팅(Win - Win Marketing) 사업이다. 20세기까지는 사회가 수직문화의 구조 속에서 움직였다. 수직문화는 인간 활동을 권위적인 체제에 가두어 창의성과 자율성을 약화시킨다. 그러나 21세기는 수평문화의 시대이다. 개인이 리더로서 책임을 지면서 이웃과 더불어 일하며 서로 인격을 존중하고 창의성을 발휘해 부(富)를 창출하는 도구로 삼는다.

보스(boss)는 사라지고 모두 함께 일하는 리더로 등장한다. 여성과 남성, 지위고하를 떠나 누구나 나의 동업자인 파트너에 불과하다.

다섯째, 네트워크마케팅은 도덕성이 매우 높은 사업이

다. 일하는 과정에 불법, 위법, 편법이 동원되지 않는다. 뇌물도 없다. 네트워크 회원과 등록자 혹은 소비자 간에 돈을 주고받는 것이 아니라 각자 네트워커가 되어 신규사업자와 회사를 직접 만나게 해주기 때문이다.

사업에서 발생하는 이익도 투명하게 배당된다. 수입은 전산으로 세금을 제한 후, 곧바로 네트워커에게 돌아간다. 그래서 네트워커는 세금을 포탈할 필요도, 방법도 없다. 회사경영진만 정직하다면 모든 네트워커는 부정에서 자유롭다. 시스템 자체에 부정이 끼어들 틈새가 없다.

여섯째, 네트워크마케팅은 '경제복음(經濟福音)'이라고 할 수 있다. 세계인구의 85%를 차지하는 가난한 이들에게 부자가 될 수 있다는 희소식을 전해준 이론과 사람은 지금껏 없었다. 스미스도, 마르크스도, 케인즈도 부(富)의 혁명을 가져오진 못 했다. 부자는 대개 부자로 살다가 간다. 가난한 자는 가난에서 허덕이다 끝내 가난의 끈을 끊지 못 하고 간다. 그래서 예수는 "마음이 가난한 자에게 복이 있나니 천국이 너희 것이다"라고 위로했을 뿐이다. 하지만 네트워크마케팅은 부의 혁명을 이끈다. 가난하고 실패한 사람들이 네트워크 사업을 통해 부자가 되는 기적적인 일을 종종 볼 수 있다.

일곱째, 네트워크마케팅은 교육사업이다. 네트워크 사업은 머리와 발로 뛰는 사업이다. '머리'는 교육이 맡고 '발'은 머리가 맡는다. 머리와 발이라는 두 개의 바퀴가

굴러가는 과정에서 네트워커는 지적(知的)이고 도덕적이고 책임있는 시민으로 거듭나게 된다. 교육을 통해 사업내용과 기술을 익히고 자기확신을 굳혀간다.

사업교육과 인성교육을 받으며 정상으로 다가가는 동안 유능하고 매력적인 지도자로 변신하기도 한다. 네트워크 사업은 단순히 돈만 버는 게 아니라 인생을 어떻게 살아가야 할 것인가도 깨닫게 해준다. 〈생략〉

〈신동아 2002년 4월호〉

여러분은 기존의 직업에서 위와 같은 특징을 가진 직업을 본 적이 있는가? 자본과 시간으로부터 자유로운 사업, 계급체계가 아닌 내가 주인인 사업, 여성도 주인공이 되는 사업, 서로가 서로에게 도움이 되며 모두 잘 살고 함께하는 상생(相生)의 사업, 도덕성이 매우 높은 사업, 경제복음의 사업, 그리고 교육사업인 사업을… 이 네트워크마케팅이야말로 우리가 진정 원하던 투게더 마케팅(Together Marketing)에 가장 근접한 사업이라고 할 수 있다.

II. 네트워크마케팅이란?

　일곱 살 된 개구쟁이 도시 아이와 일흔일곱 살의 산골 외할머니의 짧은 동거 얘기를 담은 가족영화 '집으로'는 잔잔한 감동으로 관객 300만 명 돌파라는 흥행실적을 세우고 한국영화 사상 처음으로 미국 메이저 영화사인 파라마운트사에 23만 달러(약 3억 원)의 판권료를 받고 팔리기도 했다.

　또 다른 한국영화인 '성냥팔이 소녀의 재림'은 100억 원이라는 한국영화 사상 초유의 제작비와 엄청난 광고에도 불구하고 관객들의 혹평을 받으며 일찍 막을 내려 한국영화 업계에 큰 충격을 주었다.

　위의 두 영화는 '네트워크마케팅이란 무엇인가?' 라는 점을 보여주는 좋은 사례이다. 먼저 영화 '집으로'를 살펴보자. 이 영화는 알려진 스타도 거의 없고 제작비도 얼마 되지 않으며 개봉 당시 홍보도 거의 없었다. 이 영화의 흥행을 장담하는 사람들도 없었다.

　하지만 관객이 하나 둘 늘기 시작하면서 상황은 달라졌다. 재미와 잔잔한 감동을 전해준다는 입소문이 퍼지면서 급기야 상영관을 늘려가면서 흥행돌풍을 일으켰고 미국에 판권이 수출되는 경사까지 겹친 것이다.

　반면, '성냥팔이 소녀의 재림'은 막대한 제작비와 광고에도 불구하고 영화 시사회에서 "재미없다", "유치하다"라는 혹평과 함께 개봉을 하자마자 관객들의 외면으로 서둘러 막을 내리는 운명을 맞았다.

- 그 이유는 무엇일까? -

바로 사람 대 사람으로, 입에서 입으로 전하는 구전(口傳) 마케팅 덕분이다.

요즘 관객들은 아무리 많은 제작비를 투자하고 유명스타가 출연해도 그 영화를 쉽게 선택하지 않는다. 무엇보다 영화가 재미있다는 주위사람들의 추천이 있어야만 그 영화를 선택한다. 특히 요즘같이 인터넷이 발달된 상황에서 몇 사람의 관람평은 순식간에 퍼지고 그 영화의 흥행에 지대한 영향을 미치게 된다. 그래서 요즘 영화 제작사들은 인터넷을 통해 예고편을 미리 볼 수 있도록 해놓는 경우도 많다. 입으로 전달되는 구전광고야말로 흥행을 좌우하는 가장 중요한 요소이기 때문이다.

네트워크마케팅은 바로 이런 구전광고의 장점을 최대로 활용한 새로운 비즈니스이다. 광고기법과 물량이 넘쳐나는 20세기에 와서도 구전광고만한 매체를 찾기 힘들자 이를 비즈니스의 핵심으로 사용한 신마케팅 기법이 바로 네트워크마케팅이다.

실제로 네트워크마케팅은 21세기로 넘어오면서 괄목할 만한 성장을 하고 있다. 더욱 주목할 점은 세계 어느 나라보다 우리나라의 매출 증가율이 높으며 특히 작년 대비 금년 상반기의 경우 성장률이 세계 최고이다. 실제로 우리나라의 경우, 네트워크마케팅 전체 매출액은 1998년 4

천억 원, 1999년 9천억 원, 2000년 2조 원, 2001년 3조 8천억 원에 이르렀다. 또한 관련업체도 500여 개 사에 회원수도 450여만 명에 이르러 그 성장속도를 가히 짐작할 수 있다.

통상산업부의 자료에 의하면, 네트워크마케팅의 일반적인 정의는 "상품을 사용해본 소비자가 그 상품의 우수성을 인정해 자신의 의사에 의해 판매원이 되고 상품을 주위사람들에게 권해 새로이 형성된 소비자가 다시 판매원으로 전환하는 과정이 순차적·단계적으로 형성되는 직접판매 방식의 한 유형"이다.

즉, 네트워크마케팅은 자신이 먼저 회사의 회원 즉, 판매원으로 등록해 그 제품이 좋다고 판단하면 주위사람들에게 권해(구전광고) 점차 자신의 소비자회원이 늘어나는 과정을 통해 자신의 비즈니스 영역을 넓히는 무한 연쇄 소개판매 방식을 말한다. 이렇게 새롭게 형성된 소비자가 다시 판매원으로 전환되는 과정이 계속 반복됨으로써 제품의 판매범위와 조직원 규모가 점차 넓어지는 개념으로 다단계 마케팅(Multi Level Marketing : MLM)이라 부른다. 이것은 직접판매 이론과 접목된 형태의 신 유통기법으로서 방문판매, 통신판매, 회원제 판매 등의 방식이 결합되어 왔다.

네트워크마케팅은 누구나 일상생활을 하면서 습관적으로 해 오고 있는 평범한 일들이다. 즉, 당신이 좋은 제품을 사용해보고 제품이 좋아 이웃친구나 친지에게 "그 제품 참 좋으니 한번 사용해 보라"고 권하는 것이다. 이것이 네트워크마케팅의 시작이다. 그 제품의 제조사는 불필요하게 낭비하던 유통비, 광고비 등을 당신에게 원칙을 만들어 유통·광고비를 줄여 소비자인 당신에게 주는 것이 훨씬 효과적이라는 점에 착안해 만든 것이 네트워크마케팅이다. 즉, 당신은 제품을 너무 사랑하는 소비자인 동시에 그 제품의 감동을 직접 광고로 전한 사업자가 되는 것이다. 그래서 네트워크마케팅은 누구나 할 수 있는, 이 세상에서 가장 쉽고 멋진 사업임에 틀림없다.

III. 유통의 흐름

최근 수년 간 유통흐름의 변화에 대한 큰 특징과 향후 발전 전망을 다음과 같이 요약할 수 있다.

1. 그 동안 호황을 누린 백화점 업체들이 줄줄이 부도사태로 사양길로 치닫고 있다.
2. 불과 4년의 역사를 가진 할인매장 업체의 고속성장은 향후 3년 간 호황을 누릴 것이다.
3. 할인매장은 과다·과열경쟁과 세계적 유통의 대변혁으로 5년 후면 급락할 것이다.
4. 현재 2위로 성장세를 유지하던 무점포 마케팅 시장 (통신판매, 전자상거래, 네트워크마케팅)이 향후 3년 후부터는 폭발적으로 고속성장을 하여 지속적인 호황을 누릴 것으로 전망된다.

위의 글은 1999년, 대한상공회의소가 경제전문가를 통해 설문조사한 내용으로 앞으로의 유통업계의 지각변동을 발표한 내용이다.

현재 국내 대기업들이 너나 할 것 없이 홈쇼핑같은 무점포 유통분야에 엄청난 자본을 끌어들이고 있다. 삼성, CJ, LG 등이 이미 홈쇼핑 사업에 뛰어 들었거나 준비 중에 있다. SK는 얼마 전 5년 안에 마케팅회사로 변모할 것이라고 언론에 공식발표하기도 했다.

대기업들은 우리나라 유통이 서서히 선진유통으로 변하고 있음을 알고 있고 막대한 자본금을 바탕으로 발빠르게 진행하고 있다. 즉, 현재와 같이 대규모 자본이 동원되는 유점포 방식이 아닌 효율적인 무점포 방식으로 사업 자체를 바꿔가고 있는 것이다. 전문용어로 '오프라인(Off-Line)' 방식에서 '온라인(On-Line)' 방식으로 전환하고 있는 것이다.

　무점포 마케팅에서 '네트워크마케팅'이라는 분야는 고객 즉, 소비자가 소비자로만 남는 것이 아니라 순수한 수입을 가져올 수 있는 '자영업의 기회'를 제공함으로써 더욱 신뢰있는 소비자로 그리고 큰 성공의 기회를 가질 수 있는 마케팅이다.
　이미 유통 선진화가 이룩된 선진국에서는 이 유통방법으로 재화와 서비스를 50~60%까지 구입해 사용하고 있으며 스웨덴에서는 80%까지 유통되고 있다는 보고가 있을 정도다.

Ⅳ. 네트워크마케팅을 하는 사람들

그러면 과연 어떤 사람들이 네트워크마케팅을 하고 있을까?

다음의 기사를 보도록 하자.

- 투잡스(Two-Jobs)족(族) - "24시간이 모자라요."

초등학교 교사인 이 모(36세)씨. 우연한 기회에 네트워크마케팅 업체인 K사를 알게 된 그는 방학을 기다려왔다.

방학 때는 여유시간이 많기 때문에 네트워크마케팅 사업에 좀 더 많은 시간을 투자할 수 있기 때문이다. 처음엔 말도 많고 탈도 많은 '피라미드 판매'인 줄 알고 고개를 저었는데 알고 보니 노력한 만큼 보상을 받는 성과급제 또는 실적제로 움직이는 유통제도였다.

학기 중에는 사람들에게 권하기가 그다지 쉽지 않다.

그냥 명맥만 유지하는 정도. 하지만 방학이 시작되면 이 씨는 왕성한 디스트리뷰터가 되어 짭짤한 실적을 올리고 있다.

2001년 여름방학 때는 월 200만 원씩 부수입을 올리기도 했다. 〈중략〉

Y대 언어치료실 원장, 이 모 박사(38세). 언어학 박사

인 그는 장애아 언어치료가 본업이다.

경기도 용인 수지에 있는 병원에서 환자들을 돌본다. 하지만 그는 이것 말고도 두 가지 직업을 더 갖고 있다. 하나는 대학강사로 한국외대와 충남대에서 1주일에 세 번씩 강의하고 있다. 또 하나는 네트워크마케팅 업체인 S사의 활동회원이다.

이 박사가 이 일을 시작한 것은 8개월 전이다. 부인 신 씨가 1년 전, 시작했을 때만 해도 그는 반신반의했다. "혹시 피라미드 판매 아닌가"라고 말이다.

하지만 옆에서 보며 점점 관심을 갖게 되었고 흥미를 느낀 이 박사는 선진국의 자료를 수집하고 네트워크마케팅에 대해 본격적으로 공부하게 되었다.

그 후 내린 결론은 "네트워크마케팅 시스템은 시대를 거스를 수 없는 유통의 대세(大勢)"라는 것이었다. 개인이 부를 창출할 수 있는 한 가지 수단인 동시에 자기 일을 하면서 부업으로 하기에 안성맞춤이라는 얘기다.

초기에는 주변사람들에게 말하는 것조차 어려웠지만 이제는 그 사람들에게 새로운 기회를 제공해준다는 측면에서 적극적으로 권하고 있다.

자신의 병원에 찾아오는 환자 보호자에게도 제품을 권

할 정도로 적극적이다.

그는 "특별히 부업이라고도 할 수 없습니다. 매일 접하는 환자나 보호자 등 주변사람들에게 자연스럽게 권하고 있습니다"라고 말한다.

이렇게 대학강의와 부업을 통해 버는 부수입이 각각 100여만 원과 300만 원. 이 박사는 본업인 언어치료원 외에 400만 원의 부수입을 올리고 있다.

그는 "대학강의는 돈보다는 가르치고 싶어서 하는 것이니까 부업이라 할 수는 없겠죠"라며 웃는다.

순수 인문학도였던 그가 이렇게 부업을 통해서라도 돈을 모으는 이유는 따로 있다.

바로 복지회관 건립이 그 목적이다. 그는 "언어치료를 하면서 1인당 월 100만 원 이상 드는 장애아 집안의 어려움을 직접 목격했다"면서 "복지회관을 건립해 이들에게 보다 많은 도움을 주고 싶다"라고 포부를 밝힌다.

〈매일경제 2002년 1월 3일〉

이 네트워크마케팅의 상위권 랭크자 중에는 이미 사회적으로 성공한 인물들이 꽤 많다. 물론 이들은 신뢰도가 높기 때문에 보통회원들보다는 쉽게 회원가입이나 제품 전달을 할 수 있는 사람들이다.

그런데 왜 이들은 네트워크마케팅에 참여하는 것인가?

가장 중요한 것은 어떤 분야의 전문가든 소비의 증대와 경기침체로 인해 더 많은 수입이 필요해서다.

또 모든 직장인에게는 자신이 설 자리가 점점 좁아지는 것이 현실이다.

우리처럼 극심한 경기침체로 IMF를 경험한 상황에서는 누구나 예외없이 실직의 불안감을 떨칠 수가 없다. 일반 직장의 경우, 한 번 자리를 잃고 나면, 똑같은 위치를 회복한다는 것은 보통 어려운 일이 아니다. 산업 전반에 걸쳐 해고된 실업자들은 나날이 증가하는 실정이다.

비록 현재 직장이 있다 하더라도 전반적인 수입이 줄었을 것이다. 이런 수입 감소와 감원 내지 직장폐쇄의 불안감은 우리 생활을 더욱 어렵게 만들고 있다.

이런 직장인들에게는 추가적인 수입의 기회야말로 절실한 것이다. 그리고 네트워크마케팅을 알아보는 데는 많은 것들이 필요없기 때문에 누구나 쉽게 검토해 볼 수 있는 것이다.

그리고 라이프 스타일의 변화로 현대인들은 직장이나 어떤 곳에 얽매여 있는 것보다는 자신만의 시간을 갖고 싶어 한다. 이런 경우, 전통적인 직업에 불만을 갖는 경우가 많아진다. 실제로 선진국의 경우에도 주된 직장 이외에 제2, 제3의 일을 하는 사람들이 늘고 있는 추세이다.

이것은 한 직장에서 평생 헌신하는 것이 미덕이 아닌 위험을 자초하는 것이라는 현실을 반영하는 것이다.

실제로 많은 사람들은 다양한 자영업에 뛰어들고 있다. 관심이 있다면, 창업박람회 같은 곳을 가보라. 놀랍게도 멀쩡한 직장인들이 많이 와 있는 것을 발견할 것이다.

그런데 앞서 보았듯이 대부분의 창업은 만만치가 않다. 쉽게 어떤 체인점을 낸다고 해도 적어도 수 천만 원에서 수 억 원의 자금이 필요하고 많은 능력과 실력을 요구하고 있다.

최근 들어 '21세기 유통의 최후의 승자' 라고 불리는 네트워크마케팅에 많은 사람들이 뛰어들고 있다. 이제는 소비자가 주인인 시대이다. 많은 사람이 이 사업에 관심을 갖고 있으며 여러분 역시 관심을 가진다면, 생각하지도 못 했던 엄청난 비전을 볼 수 있다.

요즘 각 아파트 단지에서 심심찮게 농산물 직거래 장터를 볼 수 있다. 농부는 물건을 안정된 가격에 공급할 수 있어서 좋고 주민들은 여러 단계에 걸친 유통 마진이 포함되지 않은 저렴한 가격에 구입할 수 있어 많은 인기가 있다.

하지만 우리가 흔히 쓰는 생필품은 그런 방법으로 구입하기가 쉽지 않다. 그래서 슈퍼마켓이나 할인점 등을 이용할 수밖에 없다. 그러면 기존방법으로 물건을 구입할 경우, 우리 소비자들은 직거래 구입보다 얼마나 많이 지불해야 할까?

공 장	총 판	도 매 점	슈 퍼(소매점)
생산비 　400원	구입원가　600원	구입원가　800원	구입원가1,000원
생산이윤 100원	마진　　　200원	마진　　　200원	마진　　　300원
광고비　100원			
출고가　600원	출고가　800원	출고가　1,000원	소비자 구입가 　　　1,300원

1. 슈퍼마켓의 가격 구조(유점포)
비누 하나를 예로 들어보자.
여기서 보면, 우리 소비자들은 필요 없는 지출을 많이 하고 있음을 알 수 있다.

〈공장의 광고비 100원 + 총판의 마진 200원 + 도매점의 마진 200원 + 슈퍼마켓의 마진 300원 = 800원〉

800원이란 돈이 소비자에게서 고스란히 지출되고 총판, 도매점, 슈퍼마켓은 모두 자기의 마진을 고스란히 챙기는 것을 알 수 있다.

2. 할인점의 가격 구조(유점포)

공장		할인점		소 비 자
생산비	400원	구입원가	600원	
생산이윤	100원	마진	400원	
광고비	100원			
출고가	600원	출고가	1,000원	소비자 구입가 1,000원

위의 슈퍼마켓과 달리 소비자들은 좀더 저렴한 가격에 물건을 구입할 수 있음을 알 수 있다. 하지만 여전히 소비자들은 불필요한 지출과 시간 낭비, 에너지 낭비를 하고 있음을 알 수 있다.

〈공장의 광고비 100원 + 할인점의 마진 400원 = 500원〉

더구나 할인점은 위의 어느 경우(총판, 도매상, 소매상)보다도 막대한 이익을 보고 있다. 우리 주위에 할인점들이 우후죽순처럼 생기는 이유는 바로 이런 많은 이윤 때문이다.

3. 네트워크마케팅의 가격 구조(무점포)

공 장		네트워크마케팅 본사		회 원	
생산비	450원(고품질)	구입원가	550원	회원가	650원
생산이윤	100원	마진	100원	마진	350원
		네트워크를 통한 무점포		(회원이 갖는 마진)	
출고가	550원	출고가	650원	소비자 구입가1,000원	

그러나 네트워크마케팅에서 무점포, 회원제로 물건을 구입하는 경우, 우선 공장에서는 직거래 방식의 안정적인 공급원을 확보할 수 있기 때문에 좀더 고품질의 물건을 생산할 수 있다. 그리고 불필요한 광고비와 유통비의 지출이 없어진다.

그리고 네트워크마케팅에서는 이렇게 생산된 고품질의 물건을 100원의 마진을 남기고 회원에게 공급한다. 네트워크마케팅 본사는 비록 100원이라는 적은 마진을 남기고 있지만 무점포라는 장점과 회원들에 의한 지속적인 제품구입 덕분에 회사를 충분히 운영해 나갈 수 있는 것이다.

마지막으로, 네트워크마케팅의 회원은 할인점과 같은 가격으로 보다 고품질의 물건을 구입할 수 있다. 그런데 우리가 구입한 1,000원의 가격은 우리가 회원가로 구입할 수 있는 가격과는 350원의 차이가 생긴다. 이 350원은 바로 불필요한 광고비나 유통비를 지출하지 않음으로써 생긴 마진이다. 바로 이런 마진을 회원에게 돌려주는 방식이 네트워크마케팅의 사업 방식인 것이다.

결국 네트워크마케팅의 회원인 우리는 고품질의 생필품을 저렴한 가격으로 구입하고 사용할 때마다 남는 마진을 돌려받을 수 있는 것이다.

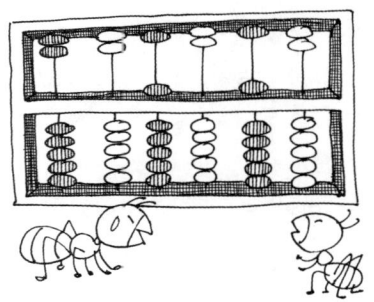

VI. 네트워크마케팅의 보상플랜

우리는 앞에서 비누 하나를 구입할 때마다 350원의 마진이 내게 돌아오는 것을 알 수 있었다. 그럼 내가 그런 마진을 얻으려면, 더 나아가 그 마진으로 생활해 나가려면 막대한 지출을 하여 물건을 구입해야 할까? 아니다. 그렇게 구입해서는 절대로 마진이 내가 지출한 1,000원보다 많을 수 없고 결국 350원의 추가 할인을 받는 것에 그칠 수밖에 없다.

네트워크마케팅이 21세기 최후의 마케팅이 될 수밖에 없는 이유는 바로 적절한 보상플랜이 존재하기 때문이다.

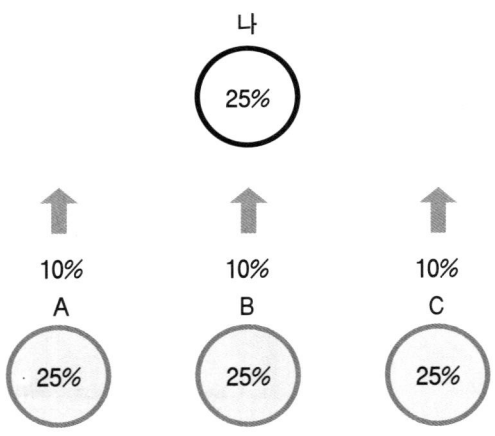

간단한 예를 들어 설명하면, 나는 A, B, C라는 사람들에게 비누를 소개해 나를 포함한 4명이 모두 비누를 사용했

다. 그 결과, 1,000원의 35%인 350원의 마진이 각각 생겼다. 이 때 각자는 그 35%의 마진 중 25%를 자기가 갖고 10%의 마진은 그 제품을 소개해준 내게 주는 것이다. 그 결과, 나는 원래는 35%의 마진만 가질 수 있었지만 소개의 대가로 총 55%의 마진을 갖게 되는 것이다.

〈나 25% + A 10% + B 10% + C 10% = 55%〉

물론 A, B, C 세 사람 역시, 다른 사람에게 이 비누를 소개해주면, 나와 같은 마진을 가질 수 있다. 이렇게 해서 내가 열심히 노력해 많은 사람들에게 소개하면 할수록, 내 수입은 기하급수적으로 증가하는 것이다.

이런 보상플랜은 각 회사의 사업방침에 따라 여러 가지 형태가 있는데 대표적인 보상플랜은 다음과 같다.

1. 레인보우(Rainbow) 방식

'승급제 방식'이라 하며 내구재 상품을 취급하는 회사가 많이 이용하는 방법이다.

장점은 단기적으로 디스트리뷰터에게 고소득을 올릴 수 있는 기회가 주어지며 매월 직접 매출에 신경쓰지 않고 다운라인 육성에만 전력하면 된다는 것이다.

단점으로는 단기간 내에 추월이나 동일직급으로 올라가는 것이 가능하므로 베팅과 사재기 등이 난무하고 회사에 따라 초기 구매액을 과도하게 책정, 강매를 일삼을 수 있다는 것이다.

따라서 피라미드화가 쉬우며 국제적으로 문제를 야기한 대부분의 회사가 이 방법을 채택했다.

2. 하이브리드(Hybrid) 방식

일본에서는 레포(레인보우와 포인터)방식이라고 불리며 일반적으로 브레이크어웨이 방식과 유니레벨의 혼합형으로 일부 레인보우식 승급을 가미한 형태의 복합적 방식이다.

국제적으로 가장 많이 사용되는 보상제도이며 강요된 월 할당액보다는 자율적인 매출 쪽으로 유도하며 누적개념이 강하고 롤 업(Roll Up) 계산 방식에 많은 변화를 주는 방식이다.

3. 매트릭스(Matrix) 방식

이론적으로는 다른 어떤 방식보다 수당을 받을 수 있는 레벨이 깊은 방식이다. 폭은 한정(5명)되어 있어 하위레벨이 길어지는 경향이 있으며 각 레벨의 보너스가 많다.

이 방식은 일반적으로 설명이 쉬우며 이해가 쉽다는 장점은 있으나 복권 당첨과도 같은 스필 오버(Spill-Over) 효과 때문에 유능한 업라인의 성과만 바라보는 게으른 사람이나 열심히 일한 사람이나 골고루 보상이 돌아간다는 단점이 있다.

** 스필 오버(Spill-Over)효과 : 일단 자신이 모집한 인원 중에서 첫 번째 레벨에서 허용하는 최대수 만큼을 등록시키고 나면 그

나머지는 자연히 자신의 두 번째 레벨에 등록되고 경우에 따라서는 그보다 더 깊은 레벨까지 자동적으로 등록되는 것

4. 유니레벨(Unilevel) 방식

가장 순수하고 단순한 형태의 보상체계로, 폭에는 한계가 없고 일정한 수의 레벨이 있는데 보통 3~9레벨의 유니레벨 구조가 널리 쓰인다.

각 레벨에는 다양한 보너스율이 주어지며 지정된 레벨에서 많은 상품을 판매할수록, 더 큰 수입을 올릴 수 있으며 경우에 따라서는 이른바 '무한정 보너스'와 같은 더 높은 단계의 보너스를 획득하기 위해 디스트리뷰터의 인원수에 쿼터를 정하기도 한다.

어느 누구도 그룹에서 독립해 나가지 않으며 업라인을 건너 뛰지도 않는다는 것, 단순하고 무한한 넓이, 스필 오버, 간단한 자격요건 등이 장점이다.

단점으로는 이 방식이 소비하는 것에만 관심이 있는 사람들 즉, 회사에 대한 수동적인 태도를 보이는 사람들에게 대체로 잘 맞는 방식이어서 사업을 전문적으로 하는 디스트리뷰터에게는 다운라인을 구축하기 어렵다는 점과 성장의 한계가 있다는 것이다.

5. 브레이크어웨이(Breakaway) 방식

가장 대표적인 방식으로 계단식 방식이라고도 한다.

이 방식은 두 가지 측면이 있는데 전면은 계단이고 후면은 브레이크어웨이라는 것이다.

전면은 보통 3~4개의 직급이 있어 일정 기간 규정된 판매실적을 달성해 더 높은 위치로 상승하는 것이고 다운라인들의 매출이 분리ㆍ독립하는 단계에 이를 때까지 업라인이 승진하게 하는 원동력이 되어야 한다.

독립그룹에 대해서는 보너스를 받을 수 있으며 독립그룹을 유지하기 위해서는 일정 매출액을 계속 유지해야 한다.

장점으로는 무한의 소득이 가능하다는 것과 지불 범위가 깊다는 것, 다운라인의 깊이가 무한하여 회사가 안정성을 이룰 수 있다는 것이다.

단점으로는 처음 시작시 보상이 다소 느리고 과정이 복잡하여 초보자가 이해하기 어렵다는 것이다.

6. 바이너리(Binary) 방식

이 방식은 자신이 자신의 다운라인으로 재등록하는 것을 허용하며 다른 방식처럼 수익을 발생시키는 각 포지션들이 매월 최소한의 개인적인 구매를 통해 유지되는 구조가 아니다. 만들 수 있는 레벨의 깊이가 무한하며 업라인이 다운라인이 될 수도 있어 다운라인을 가장 단순하고 쉽게 구축할 수 있는 자기증식성이 강한 시스템이다.

그러나 판매액과 보너스를 계산할 때, 레벨에 대한 고려가 크지 않기 때문에 판매중심적인 방식이며 판매가 저조하면, 수당도 적을 수밖에 없는 단점이 있다.

Ⅶ. 네트워크마케팅의 특징

　여러분은 제품이 좋아 회원으로 등록함으로써 그 제품을 싸게 사용하는 소비자가 되며 제품을 자랑하면서 함께 사용하도록 권했을 때, 여러분은 이미 네트워크마케팅 사업자가 되는 것이다. 일반사업은 많은 자본을 투자하여 매장 주위를 스쳐가는 지역고객들에 의해 수입을 창출하지만 네트워크 사업은 영원한 나의 회원고객을 만드는 사업이다.

　21세기 들어 모든 기업이 회원고객 즉, 멤버십(membership)을 모으기 위해 전력을 기울이고 있다. 네트워크 사업을 시작할 때는 마음의 설계가 필요하다. 즉, 경험이 쌓일 때까지는 부업으로 출발하는 것이 좋다. 그러나 본인이 생각한 목표수입에 도달했을 때, 전력투구하는 본업으로 바꾸는 사업이다.

1. 보통사람이 무한대의 인세소득자가 된다

　인세(印稅)란 보통 작가, 작곡가, 영화제작자 등이 그들이 창작한 작품이 판매될 때마다 받는 수입이다. 이런 수입의 특징은 한번 들어오기 시작하면 본인은 더 이상 그 작품에 손대지 않고 놀아도 수입이 지속적으로 들어온다는 것이다. 또 그 크기는 작품이 얼마나 훌륭한 내용을 담고 있는가에 달려 있다.

　그 작가, 작곡가, 영화제작자는 그 작품을 집필 또는 작곡하는 데 많은 노력을 들였으므로 이를 불로소득이라고는 하지 않는다. 독자 혹은 시청자에게 지식과 즐거움을 주는 가치있는 일을 했기 때문이다.

그런데 이런 유명 작가, 작곡가, 영화제작자는 아무나 될 수 없다. 글쓰기와 작곡에 특별한 재능이 있는 극소수만 성공할 수 있기 때문이다.

그럼 재미있는 영화를 제작한 스티븐 스필버그, 많은 사람들을 노래로 즐겁게 해주는 조 용필 씨와 달리 특별한 재능이 없는 우리 평범한 보통사람들이 높은 인세소득을 올릴 수 있는 길이 있을까?

정답은 바로 여러분 소유의, 무한대 성장성의 무형자산, 네트워크를 구축하는 것이다.

뜻이 있는 곳에 길이 있듯이 비록 이들과 같은 천재적인 재능은 없으나 여러분의 가장 소중한 자원인 시간을 투자해 여러분의 네트워크를 구축하면 이것이 바로 황금알을 낳는 거위와 같은 여러분 소유의 소중한 무형재산이 된다.

이 네트워크라는 무형재산은 무한대로 확장할 수 있고 아무도 빼앗지 못 하는 여러분의 것이 된다. 이 네트워크는 열심히 노력하면 2~5년 사이에 연 1억 원 이상의 고소득을 가져다 준다.

2. 불경기가 없는 안정적인 수입을 가져다준다

네트워크마케팅 사업은 주로 생필품과 서비스를 대상으로 하는 정보이므로 이 네트워크는 매우 안정적으로 불경기를 타지 않는다.

우리나라도 예로부터 생필품은 대기업이 생산을 모두 장악하고 있다. 이는 바로 불경기가 없는 안정적인 사업이기 때문이다.

3. 상속이 된다

이렇게 구축된 네트워크는 여러분의 소유이므로 여러분의 자손에게까지 상속된다.

현대사회에서 상속되는 것은 거의 없다. 대통령의 임기가 5년에 불과하고 의사, 변호사, 회계사 자격이 모두 본인에게만 유효하나 네트워크는 일종의 무형자산이므로 여러분의 자녀에게도 그 자격이 상속되어 계속 인세 소득자로 남게 된다. 즉, 자녀는 그 네트워크를 계속 유지, 발전시켜 가면서 풍요롭게 자유를 만끽하고 살아갈 수 있는 것이다. 이보다 더 훌륭한 유산이 있을까? 사랑하는 자녀에게 21세기의 가장 가치있는 무형자산인 네트워크를 물려주는 것은 가장 위대한 유산이다.

당신은 사랑하는 자녀에게 무엇을 상속할 것인가?

많은 재산? 그것이 자녀를 행복하게 해줄 수 있을까? 만약 열심히 윤리적으로 정당하게 일해 자신이 구축한 네트워크에서 나오는 인세와 같은 소득이 매월 통장으로 입금되고 그 통장과 직위가 자손에게 상속되어 계속 그 일을 해가면서 행복과 보람을 느끼며 살아갈 수 있다면 어떨까?

옛날 전제군주가 아닌 한, 그 어떤 지위가 상속되는 것은 이 사업 이외에는 없다. 의사 자격, 변호사 자격이 상속되지 않듯이 말이다.

그런데 본인이 구축한 휴먼 네트워크는 그 소유권이 영원히 인정된다. 그러려면 그런 소득을 지급하는 회사도 영원히 존속할 수 있는 최고의 신용을 가지고 있어야 한다. 그러므로 회사의 신용이 매우 중요한 것이다.

4. 이 사업은 시간적 자유를 함께 가져다 준다

이 사업은 시간 투자가 곧 생명이다. "그럼 매우 바쁜 사업이겠구나"라고 생각하는 분들이 많을 것이다. 하지만 놀랍게도 이 사업은 시간복제 원리에 따라 처음에는 많은 시간을 투자하지만 1년 정도 지나면 점차 투자시간이 줄 수 있다. 즉, 시간적 자유와 경제적 자유를 함께 얻는 진정한 자유인이 되는 사업이다.

자본주의 사회에서는 돈도 있어야 하지만 시간적 여유도 있어야 진정한 자유인이라고 할 수 있다. 돈은 많지만 시간이 없는 많은 자영업자, 전문직 종사자들은 진정한 자유가 있다고 할 수 없다.

5. 무자본, 무위험, 무기술, 무경험, 무학력의 사이버 비즈니스

우리는 일반적으로 사업이라고 하면, 대자본이 필요하고 뭔가 좋은 아이템을 발굴해야 하고 특별한 기술이나 경험이 있어야 하는 것으로 생각한다. 그런데 큰 성공을 가져오는 이 네트워크마케팅 사업은 자본이 필요 없다. 그 이유는 사무실, 공장, 점포 등이 필요 없는 사이버 비즈니스이기 때문이다. 자본투자가 없으므로 당연히 사업에 대한 위험도 전혀 없다.

그리고 특별한 기술이나 경험, 학력도 필요 없다. 우리가 일상생활에서 쓰는 생필품을 본인이 써보고 만족하면, 그 정보를 주위에 전하는 정보 전달 사업이므로 누구나 할 수 있기 때문이다.

21세기에는 소호(SOHO) 비즈니스가 유망사업이라고 마이크로소프트사 회장, 빌 게이츠(Bill Gates)는 말하고 있다. 바로 네트워크마케팅이 이런 SOHO 비즈니스이자 사이버 비즈니스인 것이다.

6. 현재 직업과 병행할 수 있는 사업이다

사업이라고 하면, 보통 직장 등 현재의 직업을 그만두고 뛰어들어야 하는 것으로 생각하기 쉽다. 그런데 이 사업은 수년 후가 되면 큰 인세수입을 올리는 사업임에도 불구하고 당장 현재의 직업을 그만둘 필요가 없다. 퇴근 후, 주말 등 본인의 여가시간을 알차게 활용해 할 수 있는 사업이다. 많은 직장인이 선뜻 다른 사업에 나서지 못 하는 이유가 바로 큰 자본을 가지고 그 사업에 전념해야 한다는 부담(위험) 때문이다.

이 사업은 나중에 그만두더라도 손해볼 것이 없다. 자

본도 들지 않고 현 직장도 그만둘 필요가 없기 때문이다. 여가시간을 이용해 책을 읽고 테이프를 듣고 교육에 참가해 공부하고 이 사업을 주위에 알려주는 것이 이 일의 가장 큰 부분이기 때문이다. 이처럼 단순한 일이 기하급수적 성장원리에 따라 수년 후에는 1억 원 이상의 고소득자로 발전해간다는 것이 네트워크마케팅의 장점이다.

2~5년 후, 1억 원 이상의 고소득자가 되고 시간복제원리에 따라 시간적인 자유까지 얻게 되었을 때, 현재의 직업을 계속할 것인지 그만둘 것인지 결정할 자유도 아울러 획득하게 된다. 즉, 이 사업은 우리에게 진정한 자유를 가져다주는 사업이다.

앞서 말했듯이 자본주의 사회에서의 진정한 자유란 결국 경제적 자유와 시간적 자유 그리고 정신적 자유, 3가지 모두를 가질 때, 획득되는 것이다.

7. 21세기형 유망사업이다

21세기에는 소호(Small Office Home Office) 사업이 유망하다는 것은 모두 알고 있다. 정보고속도로로 연결된 컴퓨터를 통해 작은 사무실이나 집에서 자기사업을 펼치는 사람이 많아지고 이를 인터넷 네트워크로 연결하는 네트워크 사회가 온다는 것도 잘 알려진 사실이다.

네트워크마케팅은 바로 이런 소호보다 한 발 앞선 HOMO(Home Office, Mobile Office) 사업이라고 할 수 있다. 이 사업은 사무실 없이 자기 집과 자동차를 중심으로 진행되는 사업이다. 그러므로 자기 사업자들과 전화, 인터넷, 교육장 등으로 연결된 고도의 네트워킹 사업인 것이다.

특히 인터넷을 통한 네트워킹으로 발전함에 따라 이 사업을 전자 네트워킹(e-networking)이라고 부르기 시작하고 있다. 21세기 지식·정보화 사회에서는 네트워크와 같은 무형자산이 가치 있는 사회가 된다. 이 사업은 이처럼 가치 있는 본인의 무형자산을 구축해가는 최고의 유망 사업인 것이다.

우리는 주위에서 피라미드에 빠져 큰 손해를 보았다는 사람들을 많이 만나게 된다. 과연 피라미드가 뭐길래 이처럼 많은 사람들이 거기서 헤어나지 못 하고 있는 것일까?

다음의 기사를 보자.

- 대학생 상대 15억대 피라미드 사기 -

대학생들을 회원으로 가입시킨 뒤, 학자금까지 뜯어낸 피라미드 회사가 경찰에 적발됐다.

서울경찰청 기동수사대는 15일 대학생들을 상대로 "회원으로 가입하면 큰 돈을 벌 수 있다"라고 속여 15억여 원을 받아 챙긴 혐의(방문판매 등에 관한 법률 위반 등)로 피라미드 회사 대표 김 모(32세)씨 등 2명에 대해 구속영장을 신청하고 이 회사 이사직을 맡고 있는 대학생 박 모(22세)씨 등 17명을 불구속 입건했다.

경찰에 따르면, 김 씨 등은 지난 8월 피라미드 회사를 설립한 뒤, "화장품과 속옷 등 300만 원 상당의 물건을 구입하고 다른 회원을 가입시키면 이들이 구입한 액수의 20%를 수당으로 지급해준다"라며 최근까지 여대생인 이 모(21세)씨 등 1천여 명을 회원으로 모집해 이들로부터

15억여 원을 끌어 모은 혐의이다.

조사 결과, 김 씨 등은 회원가입 자격을 20~25세로 제한해 주로 대학생을 상대로 영업을 했다.

김 씨 등은 대학생들이 가진 돈이 없을 경우, "새로 모집하는 회원수에 따라 7단계의 직책을 부여하고 추가로 수당을 지급하니 곧 돈을 갚을 수 있다"라며 부모 몰래 학자금 대출을 알선하는 수법으로 이들을 회원으로 가입시킨 것으로 드러났다.

피해자인 휴학생 이 모씨는 "다음 학기에 복학하기 위해 등록금과 용돈이 필요했다"라며 "피라미드 회사인 줄은 알았지만 단기간에 큰 돈을 벌 수 있다는 말에 회원으로 가입했다"라고 했다.

경찰관계자는 "최근 구직난 때문인지 피해자 중에는 여대생들이 많았고 명문대생도 일부 포함되어 있었다"면서 "이들 중 상당수는 부모의 동의 없이 학자금을 대출받은 뒤, 휴학하는 등 학업까지 포기했을 정도"라고 말했다.
〈동아일보 2001년 11월 15일〉

자, 또 다른 기사를 보자.

- 의료서비스 미끼 수백억 끌어 모아 -

서울 강서경찰서는 31일 평생 의료서비스 제공 및 고수익 보장을 내세워 수백억 원을 끌어 모은 혐의로 의료 다단계업체인 M사 대표이사 최 모씨(32) 등 이 회사 임원 3명을 구속했다.

경찰에 따르면 최 씨 등은 작년 9월부터 가입비 150만 원을 내면 평생 동안 무료로 한의원 진료를 제공하고 다른 회원을 데려올 경우 수당을 주겠다고 속여 지난 6월까지 모두 16,000여 명으로부터 250억여 원을 끌어들인 혐의다.

조사 결과, 최 씨 등은 올 1월에도 7,300여 명으로부터 110억 원의 자금을 끌어 들여 경찰에 단속되어 보석으로 풀려난 뒤에도 이같은 범행을 계속 해온 것으로 드러났다.
〈국민일보 2002년 11월 1일〉

- 3,700억대 금융다단계 적발 -

투자 유치금액이 3,700억 원에 달하는 사상 최대규모의 금융다단계 업체가 검찰에 적발됐다.
서울지검 형사6부(신 남규 부장검사)는 27일 "다양한 수익사업을 통해 큰 돈을 벌게 해주겠다"고 속여 수천여 명으로부터 3,722억 원을 불법 투자받은 금융다단계 업체 H사 전무 임 모씨(46) 등 3명을 특정경제범죄 가중처벌법상 사기 등의 혐의로 구속하고 이 회사 전 경리실장 강 모씨 등 2명을 입건, 조사했다고 밝혔다.

이 회사 대표이사 윤 모씨 등 2명에 대해선 사전 구속영장을 청구했다.

검찰에 따르면 임 씨 등은 작년 8월부터 지난 5월까지 "키토산을 배합한 기능성 농수축산물 체인점을 전국에 1,600개 운영하고 영화산업에 투자하는 등 각종 수익사업을 통해 이익금을 남겨주겠다"고 속여 장 모씨 등으로부터 다단계모집 방법을 통해 투자금 명목으로 3,722억 원을 불법유치한 혐의를 받고 있다.

임 씨 등은 "1계좌당 155만 원씩 투자하면 20만~50만 원의 추천수당과 함께 투자자가 끌어온 하위단계마다 5만 원씩 주고 2개월 안에 투자원금을 모두 돌려주고 이후에도 운영 실적에 따라 매일 최고 42,000원까지 지급하겠다"고 선전, 1인당 수백만 원에서 10억 원의 투자금을 끌어 들인 것으로 드러났다.

검찰은 H사가 실제 농수축산물 체인점 등 수익사업에 투자하지 않은 채 피해자로부터 투자금을 받은 뒤, 이 중 일부만 투자이익금으로 되돌려줬다는 점에서 유사 금융수신 및 사기행위를 했다고 밝혔다.

〈한국경제 2002년 9월 30일〉

위에서 보듯이 피라미드 판매란 상품의 정상적 유통에 역점을 두고 있는 것이 아니라 그 조직의 확산에 따라 '일확천금' 이라는 금전적 매력에 기반을 두고 운영되는 시스템이며 피라미드 판매에서 상품의 판매는 이런 판매조직을 합법화하기 위한 수단에 불과하다고 할 수 있다.

피라미드와 네트워크마케팅을 비교해보면 다음과 같다.

구 분	네트워크마케팅	피라미드 판매조직
합법성	합법적 판매방식	불법적 판매방식
상 품	우수한 품질의 중저가 소비재	품질이 나쁜 고가의 내구재
가입비	없음	각종 명목으로 금품징수
상품구매	강제구매가 없음	강제구매를 유도함
확장구조	하위판매원 확보 의무가 없음	하위판매원 확보의무 부과
수입원	상품판매에 의해서만 수익발생	판매원을 모집하는 행위에서 수익발생
품질보증	확실한 환불제도	미비하거나 없음
재고부담	없음	강제적, 의무적
사업장	철저한 무점포 사업장	대리점 형태
전산시스템	업무처리에 충분한 용량의전산시스템 보유	없거나 조악한 프로그램
업무구조	철저한 부업 출발 유도	전업으로 일할 것을 유도
사업성격	장기적 차원의 비즈니스	단기간에 손쉽게 돈을 벌려는 판매방식
조직붕괴 위험성	조직확장, 정체시 피해자 발생 없음	조직확장, 정체시 피해자 다수 발생

IX. 네트워크마케팅의 발전 전망과 나아갈 길

(본 내용은 필자가 네트워크 매거진 2001년 11월호에 게재한 것임)

1. 유통마진을 없앤 소비자들의 무한 연쇄소개 판매

최근 들어 네트워크마케팅이 급성장하고 세인의 관심과 인기를 끄는 이유를 살펴보면 다음과 같다.

첫째, 기업들이 원가절감을 위한 유통구조와 단축 및 판매루트의 다양화로 영업실적을 올리기 위한 방안으로 네트워크마케팅 회사와 연계해 영업활동을 하기 때문이다.

둘째, 최근 수년 간의 인터넷의 경이적인 발전에 따라 인터넷 사용자의 급증에 힘입어 보다 편리한 구매를 원하는 소비자들의 욕구와 맞아 떨어졌기 때문이다. 21세기 유통의 새 흐름인 전자상거래의 발전으로 인해 구전효과에만 의존하는 네트워크마케팅 시대는 지났다. 이제는 컴퓨터 마우스를 통한 마케팅으로 변신해 인터넷 네트워크를 이용하는 하이테크(High-Tech) 시대에 걸맞는 하이터치(High-Touch) 유통 채널의 역할을 해야 한다.

셋째, 국내 경기침체로 인한 가계의 수입 감소에 따라 본업 이외의 부업의 필요성을 느껴 네트워크마케팅에 참여하는 사람들이 많이 늘기 때문이다.

넷째, 정부기관은 물론 국영기업체 및 일반기업의 계속적인 구조조정에 따라 유휴 인력들이 네트워크마케팅 업계에 대폭 참여해 네트워크마케팅 사업자들의 레벨이 크게 높아지고 있어 네트워크마케팅 자체에 대한 신뢰도를 한층 높여주고 있기 때문이다.

다섯째, 네트워크마케팅 산업의 발달로 고급인력 흡수 및 높은 고용창출 효과는 물론 특히 국내 토종 네트워크마케팅 업체의 발전으로 국내의 여러 산업부문에 긍정적인 인식을 심어주고 있기 때문이다.

여섯째, 미국의 경우, 하버드 대학을 포함한 200개가 넘는 대학에서 네트워크마케팅을 가르치고 있다. 우리나라는 최근 들어 건국대 경영대학원에 이어 중앙대학교 사회교육개발원, 경희대학교 경영대학원 및 성균관대학교 경영대학원 등에서 네트워크마케팅 전문과정이 생기는 등 네트워크마케팅에 대한 학계 및 언론계의 관심이 크게 높아지는 추세이다.

일곱째, 최근 들어 네트워크마케팅 회사들이 환경보호운동, 자선사업 및 후원활동 등에 대한 적극적인 참여를 하고 있다. 그리고 네트워크마케팅 산업의 발전이 국내 유통분야에도 폭넓은 제품의 선택기회를 제공함으로써 국내 경제발전을 도모함은 물론 소비자의 생활을 윤택하게 하고 있기 때문이다.

여덟째, 양질의 제품을 직거래 유통방식으로 유통시킴으로써 값싸고 편리하게 물품을 구매할 수 있기 때문에 오늘날과 같이 바쁘게 살아가는 소비자들의 생활패턴에도 부응하고 있다.

아홉째, 은행, 보험 등의 금융기관은 물론 정부기관에서 점차 주 5일 근무제가 확대, 실시됨에 따라 여가선용의 시간이 늘어났다. 따라서 소비지출이 늘게 되어 추가적인 수입을 얻기 위한 부업의 필요성을 느끼는 계층이 많아지게 되어 직장인 및 가정주부들을 대상으로 한 컨택대상자가 늘어나 사업의 확대 기회와 범위가 크게 증가할 것이다.

열 번째, 공익성이 있기 때문이다. 네트워크마케팅은 가계, 기업 및 정부 등 모든 경제주체에게 긍정적인 효과를 줄 수 있다.

열한 번째, 보험효과를 줄 수 있기 때문이다. 네트워크마케팅은 사업자들에게 고정수입의 발생으로 만일의 경우, 질병이나 우연한 사고 또는 실직 등에 따른 보험기능을 도모할 수 있다.

2. 21세기 무점포 유통 시스템의 선두주자

네트워크마케팅은 스티브 코브가 지난 1999년 4월, 네트워크마케팅지(紙)와의 인터뷰에서 "네트워크마케팅은 사람들에게 기업의식과 독립심을 전달해줄 수 있는 부인할 수 없는 시대적 조류"라고 언급했듯이 거스를 수 없는 시대적 추세이며 유통전문가들은 네트워크마케팅이 21세기 미래형 무점포 유통시스템의 최후 승자가 될 것으로 전망하고 있다.

이런 이유로 네트워크마케팅은 최근 2~3년 간 큰 발전을 이루어 왔으며 이런 발전추세는 앞으로도 지속될 것으로 전망된다. 그러나 이런 발전에도 불구하고 아직까지 우리나라 네트워크마케팅 산업은 다음과 같은 문제점들을 안고 있음을 부인할 수 없다.

첫째, 500여 개의 네트워크마케팅 회사가 등록되어 있지만 자본금이 3억 원에 불과한 회사가 너무 많다는 점이다. 다행히 개정된 방문판매 등에 관한 법률에서 2002년 7월 1일부터 법정 설립자본금이 5억 원으로 증액되었지만 이 규모는 정상적인 경영활동을 하기 위해서는 너무나 부족하다.

왜냐하면 기본적인 전산 설치 및 운영비용과 사무실 임차료, 일반관리비 그리고 정상적인 물품 대금결제 등을 위해서는 어림도 없는 금액이다. 이에 따라 가입회원들에게 불가피하게 어떤 형식으로든 가입비 또는 강제 구매

할당 등을 요구할 수밖에 없고 이는 결국 가입회원들에게 피해와 부담을 주게 된다.

둘째, 네트워크마케팅 사업자들의 지나친 부(富)의 추구에 따른 정신적 빈곤을 들 수 있다. 대부분의 네트워크마케터들이 이 사업을 하는 주목적이 비록 경제적인 것임을 감안하더라도 부(富)에 대한 지나친 추구는 소비자나 동료사업자에게 실망감을 주는 경우가 있다.

셋째, 네트워크마케팅 시장의 급성장 및 회원의 급증에 따라 지금까지의 시스템 및 경험부족으로 인해 원만한 관리가 이루어지지 않아 회원 및 네트워커들에게 많은 불편을 주며 주먹구구식 또는 임기응변식의 경영을 하는 경향이 많은 것으로 보인다.

이러한 이유는 급격한 시장 성장 탓도 있지만, 핵심 역할을 하는 사업자들에 대한 회사 차원의 고객만족 경영철학 및 경영마인드가 결여되어 있는 탓으로, 이로 인하여 마케터들이 사업 초기에 포기하는 경우가 많아져 마케터들의 사기를 꺾는 경우가 많다는 점이다.

3. IT 혁명의 새로운 주자(走者)

이제 네트워크마케팅은 IT(정보통신) 혁명의 새로운 주자로 발돋움하고 있다. 그 동안 네트워크마케팅은 생필품 위주의 마케팅으로 인식되어 왔다. 하지만 네트워크마케팅의 영역은 첨단 IT(정보통신) · BT(생명공학) 사업까지 영역을 확대해 나가고 있다. 이제 IT · BT 사업에 성공하기 위해서는 네트워크마케팅이 필수인 시대가 오고 있는 것이다.

"강력한 네트워크로 시민생활에 신기술을 심는다."

신(新) 유통혁명의 한 축으로 자리 잡은 네트워크마케팅(다단계판매)의 취급품목이 화장품, 세제 등 생활용품에서 김치냉장고, DVD플레이어, 선불카드, 유 · 무선 전화기, PDA 등 IT 컨슈머 제품으로까지 급속히 확대되고 있다.

이에 따라 네트워크마케팅은 낯선 IT 제품을 밀착 마케팅을 통해 급속히 확산시켜 생활 속의 IT 혁명을 가속하는 데 일조하고 있다는 것이 업계 안팎의 평가이다.

현재 네트워크마케팅 시장에서 IT 신기술 제품의 비중은 10%선에 불과하지만 앞으로 더욱 높아질 전망이다.

단적인 예로, 선불카드 · 통신기기를 전문으로 취급해온 다이너스티 인터내셔널이 4년이라는 짧은 역사에도 불구하고 업계 2위로 올라서 다단계 시장에서 IT 품목의 중요성을 입증하고 있다. 이 회사는 국제전화 · 유선전화 · 휴대폰 등 7종류의 선불카드와 유 · 무선 전화기를 취급하고 있다.

또한 이와 같은 오프라인 판매 외에 전자상거래(EC)를 활용해 생활용품도 판매하고 있다.

업계 3위인 앨트웰도 가전제품으로 급성장한 업체이다. 이 회사는 20년 전, 정수기를 개발해놓고 수요 발굴에 고심하던 중, 판매 기법으로 다단계를 활용, 현재 웅진·청호에 이어 정수기 업계 3위에 올라섰다.

이 회사는 이와 같은 성공 노하우에 자극받아 현재 매출 비중 30% 가량을 차지하는 정수기에 이어 지난 2001년 10월, LG전자와 제휴해 이 회사의 김치냉장고·세탁기 등을 판매하고 있다. 한편, 신소재를 이용한 여성속옷의 비중(40%)도 크다.

이 밖에도 인터넷 텔레콤 인터내셔널(ITI·대표 허 성훈), NR 커뮤니케이션(옛 나라콤·대표 조 창식), 씨엔씨 텔레콤(대표 윤 광순) 등이 두각을 보이고 있다.

생활용품을 주로 취급하는 순수 국산 토종 네트워크 업체인 하이리빙과 외국계 투자 기업인 암웨이 등도 신기술 제품을 지속적으로 확대하고 있다.

이에 따라 네트워크마케팅 업계가 다루는 품목은 가전·정보통신·공기청정기 등 거실·안방용품, 냉장고·식기세척기·밥솥 등 주방용품, 세제·전동칫솔, 신개념바이오 · 케미컬 기술이 접목된 기능성 화장품 · 건강식품 등 뷰티 · 헬스 제품에 이르기까지 제품 다양화를 기하고 있다.

이 때문에 "네트워크마케팅 회원은 생활혁명의 전도사"라고 말하기도 한다.

한 유통전문가는 "아직은 IT · BT를 적용한 제품이 큰 비중을 차지하고 있지는 않지만 업체당 적게는 수십만 명, 많게는 100만 명 이상의 회원을 확보하고 있기 때문에 네트워크마케팅 업계에서 호평을 받을 경우, 제품의 확산력은 가히 폭발적일 것"으로 예측했다.
〈디지털타임스 2002년 10월 1일〉

4. 인프라 구축과 진실한 마케팅을 위한 노력

이렇게 양적 · 질적으로 커져가는 우리나라 네트워크마케팅 산업을 발전시키기 위한 방안 및 나아갈 길을 제시하면 다음과 같다.

첫째, 네트워크마케팅 회사들은 발전 속도에 맞는 경영시스템 구축 및 체제 구축을 서둘러 회원들의 불편을 덜어주는 노력은 물론 욕구 충족을 위한 제반 환경을 조속히 조성해야 한다.

둘째, 네트워크마케팅에 참여하는 사업자들은 사명감을 가지고 주변 소비자들 및 사업자들에게 좋은 제품을 제대로 홍보하고 네트워크마케팅의 진면목을 보여주어 위상을 드높여야 한다.

셋째, 정부 관련부처 및 신문, 방송, 잡지 등 언론기관들은 네트워크마케팅이 선진국에서도 이미 수십 년 전에 검증이 끝나 합법화되었으며 우리나라 또한 입법화된 이상 지나친 선입관이나 부정적인 견해를 버려야 한다.

이제는 육성·정착 단계로 커가고 있는 네트워크마케팅 업계에 대해 지나친 편견을 버리고 객관적인 비판과 조언을 해주는 것이 필요하다고 본다. 모든 것이 첫 술에 배부를 수 없듯이 국내에 네트워크마케팅이 처음 들어온 것이 10여 년에 불과해 이제 막 청년에 이른 네트워크마케팅 산업이 아직까지는 많은 문제점을 안고 있다.

그러나 모든 타 업종 역시 성장초기 과정에서는 처음부터 완벽하기는 어렵고 시행착오를 겪으면서 발전한다. 이는 마치 헤겔의 변증법적 논리처럼 정(正)→반(反)→합(合)의 과정을 거쳐 비로소 발전하는 것인 만큼, 관련 참여자들의 많은 관심과 노력이 필요하다.

제3장

네트워크마케팅 성공전략

I. 사업 준비 단계에서 알아야 할 사항

1. 준비를 철저히 하라

네트워크마케팅의 유명한 성공자인 마크 야넬(Mark Yarnell)이 있다. 과연 그는 우연히 네트워크마케팅 사업을 통해 백만장자가 된 것일까? 그는 적어도 9년 동안 준비했다고 한다. 쉽게 망하지 않고 사업 프로그램을 자주 변경하지 않으면서 피라미드 문제가 없는 그런 좋은 회사를 찾는 데 무려 9년을 보냈던 것이다.

일본 암웨이의 최고봉인 나까지마 가오루가 어떻게 암웨이를 시작하자마자, 단기간에 억만장자 대열에 오르게 되었을까? 그것은 그가 사업을 본격적으로 출발하기 전에 사업에 관한 모든 것을 파악하는 데 충분한 시간과 돈 그리고 노력을 투자했기 때문이다. 즉, 그는 자신의 누나가 암웨이 사업을 하고 있었지만 사업의 모든 핵심을 파악하기 위해서는 미국 본사에 가 볼 필요성을 느꼈고 암웨이에서 가장 성공한 사업가들과 성공하는 방법에 관해 충분히 조사하고 연구했던 것이다.

여러분이 이 사업에 관해 알아야 할 중요한 사실들과 성공에 필요한 모든 정보를 입수하지 않은 채 사업을 시작했다면, 틀림없이 어려운 상황에 직면한 다음에야 비로소 그것을 느낄 것이다.

대부분은 네트워크마케팅 사업에서 실패한 것이 아니라 네트워크마케팅 사업 준비에 실패했던 것이다. 이 사업에 관해 충분히 연구하고 조사하는 데 많은 시간이 걸리지는 않는다. 몇 시간 또는 며칠, 몇 달 안에 원하는 모든 정보를 발견할 수도 있다.

성공을 위해서는 철저한 준비 기간을 거쳐라!

2. 네트워크마케팅의 천재는 따로 있을까?

천재적인 네트워커는 따로 있는 것일까? 물론 없는 것은 아니다. 많은 연구와 조사에 의하면, 역시 네트워크마케팅은 자신의 삶을 주도적으로 살아가는 적극적인 스타일의 사람들이 앞선다고 알려져 있다.

상당수의 리더들은 모험적인 성향이 강했다. 좋게 말하면, 개성이 강한 타입이고 나쁘게 말하면, 고집 센 타입이다. 이들은 도전적이고 투기성이 강하며 끈기와 설득력 그리고 뛰어난 언변을 가지고 있다.

실제로 많은 리더들은 성격이 밝고 낙천적이며 뛰어난 사교성을 지녔다. 이들은 다른 사람들의 욕구를 빨리 알아내고 사업에 참여시키는 수완가들이다.

네트워크마케팅의 톱 리더들은 새로운 사람들을 쉽게 사귄다. 이들은 사람들을 모아 그룹을 형성하고 방향을 제시하는 전형적인 조직가들이다. 어떤 경우, 강력한 리더십을 지닌 이런 리더의 순간적 오판으로 수많은 사람들이 다치기도 한다.

우리는 네트워크마케팅을 한 마디로 뛰어난 리더십의 소유자들이 잘하는 사업이라고 생각한다. 이들은 목표추구형이며 과감히 전진하는 형이다. 가끔 투자비용이나 업무 스트레스를 무시하고 완전히 네트워크마케팅에 몰두하는 경우도 있다.

실제로 이런 사람들이 사업에서 앞서지만 많은 경우, 수명이 짧은 것도 생각해 봐야 한다. 왜냐하면 너무 밀어붙이는 스타일은 한번 의욕이 꺾이면 쉽게 일어나지 못하는 경우도 있기 때문이다.

네트워크마케팅에서 요구하는 이상적인 성격은 유들유들하면서 은근과 끈기의 스타일이다. 장기적 플랜에 입각해 치밀하게 사업을 전개하는 약간의 내성적이며 추진력이 강한 사람들이 롱런하는 경우도 많다.

어쨌든 네트워크마케팅은 리더십의 모든 기술을 요구한다. 사람들과 함께 일하는 능력이 중요하다. 정열, 자신감, 친근감, 감수성, 효과적인 대화능력, 목표 추진력, 개척정신 등의 리더십이 많이 요구되는 특별한 사업이다.

이렇게 말하면, 여러분 중 "나는 할 수 없겠네"라고 지레 포기하는 사람이 있을지도 모르겠다. 하지만 그런 격정은 할 필요가 없다. 당신이 어떤 성격의 소유자든 자기가 세운 목표를 기어이 해 내고야 말겠다는 끈기만 있다면, 결국 이런 리더십을 지니게 될 것이다. 왜냐하면 네트워크마케팅은 많은 사람들을 대면(對面)하는 일이기 때문이다. 이런 대면 속에서 여러분은 여러분 자신을 점점 더 강한 리더십의 소유자로 변모시키기 때문이다.

3. 네트워크마케팅에서 가장 힘든 것은?

대표적인 네트워크마케팅 리더인 마크 야넬은 "이 사업은 사업 초기 1년이 평생을 좌우한다"라고 말한다. 그리고 그가 지적하는 가장 어려운 일은 초기 사업에서 사람들의 거절 처리법이다.

톱 리더들의 경험담을 들어보면 초기에 가장 힘들었던 경험은 바로 가장 가까운 사람들의 거절이었다고 한다.

그런데 만일 당신이 네트워크마케팅의 초심자라면, 사람들이 뭐라고 하든 지금부터 말하는 사실을 잊어서는 안 된다. 즉, 이 네트워크마케팅은 당신이 싫든 좋든 다른 사람에게 뭔가를 말해야만 한다는 점이다. 다시 말해, 다른 사람에게 제품이나 네트워크마케팅 소개를 되풀이하여 말하고 상대방을 자기의 네트워크로 끌어 들여야 한다는 것이다.

만일 이런 일을 하지 않아도 돈을 번다든지 더 나은 방법이 있다면, 그것은 분명히 함정이 있는 것이다. 어떤 경우에도 이런 과정을 거치지 않고 성공하는 네트워크마케팅은 없다.

네트워크마케팅의 가장 중요한 원리이자 사업의 기초는 바로 어떻게 새로운 사람들을 그룹에 참여시키는가에 대한 교훈이다. 그런데 지금까지 50년의 역사가 있고 수천 개의 회사들이 영업을 했고 지금도 하고 있으며 수많은 백만장자들이 탄생하는 지금도 한결같이 변하지 않은 것이 있다면, 바로 여러분이 직접 누군가를 모집하는 가장 힘든 일을 해야만 한다는 점이다.

여러분이 만나거나 앞으로 만날 그 어떤 네트워크마케팅의 백만장자도 이 어렵고 힘든 일을 거쳐, 적어도 그는 사람들로부터 거절당하는 고통을 이겨낸 사람일 것이다.

이것을 마크 야넬은 '거절의 로켓'이라고 말한다. 사람들은 거의 로켓을 제대로 한방 맞으면 그 자리에서 즉사한다는 것이다. 좀 과장된 말이지만 대부분의 초심자들이 자신 주변의 친지나 친구들에게 이 사업을 얘기했다가 강력한 저항을 받으면, 그 곳에서 사업을 끝낸다는 말이다.

만일 여러분이 이 네트워크마케팅에서 돈을 벌고 꿈을 실현하고 싶다면, 반드시 명심할 것이 있다. 그것은 초기에 거절 로켓을 맞고 절대로 혼절하지 말라는 것이다. 누구나 심한 거절을 받게 된다. 이것은 진실이다. 당연히 모든 사람들은 당신을 염려하거나 그들이 잘 몰라 거절하는 것뿐이다. 그들의 거절에는 그만한 이유가 있는 것이다. 그런데 문제는 여러분의 반응이다.

당연한 거절에 대해 심한 충격을 받는 것이 문제다. 처음에 용감하게 이 일에 덤벼든 사람들이 단지 몇 명을 만나 거절당하고 나서는 의기소침해지고는 이렇게 말하는 것을 우리는 많이 목격할 수 있다. "적성에 맞지 않는 것 같아요"라고. 누구도 이 일에 적성이 맞아서 시작한 사람은 없다. 다만, 하다 보니 잘 된 경우는 있다.

세상에 누가 단지 몇 명 혹은 몇 십 명을 만나보고 나서 자신의 적성에 맞는지 여부를 평가할 수 있단 말인가?

우리가 이 네트워크마케팅에서 훌륭한 스폰서를 만나야 성공한다는 것은 바로 이 점 때문이다. 훌륭한 스폰서란 자신들의 사업초기에 이런 거절 로켓을 많이 맞았고 잘 극복해 나름대로의 방법을 터득하고 있기 때문이다. 거절 공포증을 극복하지 못 하는 모든 사업자들이 네트워크마케팅의 방랑자들이 되는 것이다. 이것은 정해진 수순(手順)이다.

마크 야넬 자신도 처음 59명으로부터 연속적으로 거절당했다고 했다. 그러나 포기하지 않고 마침내 60번째를 모집했다고 했다. 폴 마이어는 연속적으로 130명으로부터 거절당했지만 결국, 131명째 사람에게 보험상품을 팔았다고 했다.

한 성공자의 얘기를 들어보자.

- 거절 극복법 -

최 수봉(백만장자클럽 대표이사)

많은 사람들이 청운의 뜻을 품고 네트워크 사업을 시작하고 있습니다.

그렇지만 네트워크마케팅에 손을 대는 사람의 90%가 실패한다고 하는데 그 이유 중 가장 대표적인 것이 거절의 두려움이라고 합니다.

대개 사업자는 주변의 가까운 사람들에게 전화를 하게 되죠. 그러나 대다수는 거절하고 이런 거절을 개인적인 거절로 받아들여 고통스러워 하다가 결국 그만두는 것입니다.

따라서 거절에 대한 확실한 마인드를 형성해 놓아야 성공 확률이 높은 것입니다.

만약 어떤 사람이 우연히 마음에 드는 여성을 만나 프로포즈했다고 합시다. 그 여성이 거부할 경우, 대부분은 실망하게 됩니다. 자신은 잘 생기지도 않고 키도 작고 지성적이지도 못 하고 별 볼일 없는 사람으로 자책하면서 포기하는 거죠.

그러나 성공의 확률에 대해서 알고 있는 현명한 사람은 이와는 다릅니다.

25명 중에 한 명만이 YES를 한다는 사실을 알고 있습니다. 따라서 처음 한 명이 NO를 하게 되면 나머지 24명 중에 YES라고 할, 한 명이 남게 되니까 다음 확률이 더 높아지는 것에 대해 즐거워하게 됩니다.

리크루팅(recruiting:모집)이나 제품 판매의 경우도 마찬가지입니다. 25명을 만나면 그 중에서 1명이 성공하게 되는 것입니다. 그러니까 나머지 24명에게 시간을 소모하면 안 됩니다. 어떤 사람을 만났을 때, 그에게 시간을 쓸 만큼 가치있는 사람인지 빨리 판단하는 것이 중요합니다. 귀중한 시간을 24명에게 준다면, 정말로 필요한 한 사람에게 할애할 시간이 없어지는 것입니다.

살아가는 모든 것이 세일즈입니다. 이런 원칙을 알고 항상 긍정적인 상태로 자기 자신을 유지하는 것이 중요합니다. 이런 긍정적인 상태에 있지 않으면, 마음에서 우러나오는 미소를 띨 수 없습니다.

산 속, 사회, 어디서나 언제나 비즈니스는 이뤄지고 있습니다. 따라서 열심히 할수록, 많이 거절당할 것입니다. 중요한 것은 이렇게 거절당하면서도 즐거운 마음을 유지하는 것입니다.

어떻게 하면 거절을 최소화하고 자신을 즐겁게 유지할 수 있을까요?

우선 첫 번째, 자신의 모습이 중요합니다.

자동차가 먼지가 끼고 더러운 것이 묻어 있으면, 잘 팔리지 않습니다. 다이아몬드 반지를 신문지에 싸서 판다면, 잘 팔리지 않겠죠.

냄새나고 지저분한 사람 옆에는 아무도 가까이 안 갑니다.

단정하고 좋은 냄새가 나는 것이 좋겠죠. 우선 보기 좋아야 합니다. 자신의 몸 어디든 깨끗하고 예뻐야 합니다. 옷 색깔, 구두, 바지, 안경, 가방, 헤어 스타일 등 모든 것이 자신을 이루고 있습니다. 외모가 깨끗하고 아름답지 않으면, 그 사람의 내면도 그렇게 보이게 됩니다.

사람들은 20m 전방에서 상대방을 판단합니다. 아무 말도 안 했지만 겉모습으로 사람을 판단하는 것입니다. 그래서 첫인상이 매우 중요합니다. 첫인상이 좋으려면 신경을 써야 하고 시간과 에너지를 사용해야 합니다.

그리고 처음에 나오는 다섯 마디가 중요합니다. 미소를 띠면서 얘기를 시작해야 쉬워집니다. 미소는 매우 중요합니다. 미소는 돈도 안 들죠. 다른 사람보다 먼저 미소를 보내는 게 중요합니다. 입으로만 웃지 말고 눈도 함께 웃어야 합니다.

사업 성공은 매우 단순한 데서 시작됩니다. 우선 자신이 변해야 합니다.

자신이 웃으면 다른 사람도 웃게 됩니다. 당신의 사랑에서 나오는 미소가 사업을 성공하게 하는 것입니다.

〈한국네트워크마케팅신문 2002년 7월 28일〉

유명한 정신과 의사가 말하기를,

"5초 동안 웃으면 에어로빅 운동을 20분 하는 것과 같다"라고 했듯이 웃음은 대인관계는 물론 건강에도 큰 도움이 된다.

4. 왜 사람들은 네트워크마케팅에서 실패할까?

필자는 이런 질문을 가끔 받는다. 하지만 이것은 그리 적절한 질문은 아니다. 그러나 실제로 이런 질문을 하는 사람들이 많기 때문에 여기서 이 질문에 대한 이해를 돕고자 하는 것이다.

먼저 지적해 둘 것은 네트워크마케팅에서만 유일하게 많은 실패자가 생기는 것이 아니라는 것이다. 실패자의 기준에 따라 약간은 다르겠지만 우리가 알고 있는 모든 업종에서 실패자들이 자연스럽게 만들어진다. 일반 회사를 창업한다고 하자. 실제로 창업한 회사들 중 도대체 몇 개나 성공적으로 사업을 할까?

얼마 전, 상공회의소 자료에 의하면, 1년에 도산하는 중소기업이 적어도 1만 개 이상이라고 한다. 이 말은 1만 개 이상의 신생회사가 실패했다는 말이다. 성공률이 가장 높다는 프랜차이즈 사업에서도 수백 개 중 겨우 수십 개만이 적절한 이윤을 올린다는 통계도 있다.

가까운 주위를 한번 돌아보자. 무수히 많이 생겼다가 사라지는 수많은 사업체를 흔히 볼 수 있다. 가끔 언론에 자동차 판매왕이니, 보험 세일즈 여왕이니 하는 기사가 실린다. 그럼 과연 자동차 세일즈를 시작해 몇 명이나 성공하는 걸까? 보험 세일즈를 시작한 수천 명 중, 겨우 수십 명만이 생활비 이상의 수입을 올리고 있다는 것은 잘 알려진 사실이다. 보험업계에서 상의 20%가 하위 80%를 먹여 살린다는 것은 잘 알려진 사실이다(여기서도 20 : 80 원칙인 파레토 법칙이 적용되고 있다).

네트워크마케팅에서도 이와 거의 비슷한 비율로 성공과 실패의 명암이 엇갈릴 뿐이다.

첫째, 이 네트워크마케팅에서 실패한 대부분은 이 사업을 근본적으로 오해했기 때문이다. 즉, 쉽게 빨리 큰 돈을 번다는 말에 매료되었던 것이다. 만일 그렇지 않았는데도 실패했다면, 다음과 같은 경우일 것이다.

둘째, 누군가 한두 명의 고소득자를 모델로 보고 누구나 그와 같이 될 것이라고 기대했기 때문일 것이다
– 마크 야넬 –

이런 경우도 아니라면, 마지막으로 다음의 경우이다.

셋째, 신뢰하는 누군가의 꾐에 빠져 피라미드 구조에 들어갔던 것이다.

이와 같은 경우를 제외하고 네트워크마케팅에서 실패하는 사람들은 거의 없다.

결론적으로 네트워크마케팅 사업에서 실패한 대부분은 자신이 기대한 것을 얻지 못 했기 때문에 실패했다고 생각하는 것이다. 그리고 오직 이 분야만이 불로소득이 가능한 것으로 오해했던 것도 한몫했던 것이다. 만일 당신이 '세상에 공짜는 없다'라는 평범한 사실을 인정한다면, 결코 네트워크마케팅에서 실패할 수는 없을 것이다.

어떤 주부는 매달 50만 원 정도의 수입이 더 있어야 살림 유지가 되기 때문에 이 사업을 시작했다고 치자. 이 주부는 약 3개월 후, 이 수입을 달성하게 되었다. 사업 3년째 접어드는 이 주부는 성공한 사업자이다. 왜냐하면 자신이 원하는 수입을 달성하고 있기 때문이다. 현재 수입도 월 100만 원 정도가 고작인데도 말이다.

네트워크마케팅은 소수의 슈퍼스타도 배출하지만 많은 부업 소득자도 배출하고 있는 것이다. 우리는 모두가 슈퍼스타를 목표로 할 수는 없다는 것을 알고 있다.

결국 이 사업의 성공률이 다른 사업과 거의 비슷하다는 점은 더 이상 논의조차 할 필요가 없는 사실이다.

네트워크마케팅에서 성공하는 더 필요한 것은 90%가 적극적인 자세이며 나머지 10%가 사업지식이다. 성공서적을 읽고 여러 리더사업자들의 노하우를 테이프를 통해 듣고 미팅에 참석해 사업지식을 터득하고 월 15회 이상 사업계획을 전달하며 자사제품을 애용하고 소개고객을 관리하며 정기적으로 상담하고 신뢰를 쌓는다면, 장기적으로 이득이 되는 안정된 사업을 구축할 수 있다.

위의 사항들을 실천하는 데는 학력, 지능, 언변, 신장, 연령 등은 전혀 관계없다. 의지만 있다면 누구나 이 조건들을 충족시킬 수 있으며 그것은 큰 성공 요건을 갖추는 것이다. 네트워크마케팅에서 성공한 사람들을 거슬러 올라가면 위의 8가지 수칙을 모두 실행하고 있다. 당신이 만약 성공하고 싶다는 강한 신념을 갖고 스폰서와 긴밀한 연락을 주고받으며 다음의 8가지 수칙을 실천한다면, 당신의 성공은 이미 약속된 것과 마찬가지이다.

1. 매일 15분 이상 추천도서를 읽는다

아무리 바빠도 통근시간이나 점심시간을 잘 이용하면, 특별히 시간을 내지 않아도 하루 15분 이상 독서할 시간이 있을 것이다. 15분이라는 시간이 중요한 것이 아니라 매일 독서하는 습관이 중요한 것이다. 네트워크마케팅에서 책을 왜 읽어야 하는가? 비교적 단기간에 여러 가지

지식과 지혜를 습득하는 최상의 방법은 역시 독서이다. 이 사업에 대해 무경험인 만큼 간접경험을 쌓는 데는 무엇보다 독서가 가장 좋은 도구이다.

네트워크마케팅에서의 성공은 곧 리더를 양성하는 것이며 그런 리더가 되기 위해서는 폭넓은 인생관과 가치관, 사고방식이 요구된다. 그런 요구들을 단시간 내 직접 체험하기란 어려우므로 독서를 통해 얻을 수 있다.

2. 추천 받은 테이프를 매일 듣는다

네트워크마케팅에 필요한 최신정보와 기초적인 사업내용을 가장 효과적으로 소비고객이나 디스트리뷰터에게 전달하는 방법은 카세트 테이프이다.

독서와 마찬가지로 이것 역시 여유시간을 잘 이용하면, 특별히 시간을 내지 않아도 된다. 오늘날 모든 산업 분야는 우리가 느끼지 못할 정도로 급변하고 있다. 따라서 어떤 직종의 전문가도 항상 최신정보와 테크닉을 접하지 않고서는 살아남기 어렵다. 마찬가지로 네트워크마케팅도 첨단 테크닉을 받아들이지 않으면, 리더로서 그룹 조직원들에게 최신 사업방법을 가르칠 수 없다. 그러므로 사업에서 성공하면 할수록, 테이프를 더 많이 들어야 한다.

네트워크마케팅의 세계적 여성 거장(巨匠)인 미국의 젠 루(Jan Ruhe)는 "6개월 간 열심히 테이프를 들으면, 대학원에서 배우는 6개월 분량의 지식을 얻는다고 했듯이 테이프를 꾸준히 들으면, 짧은 기간 내에 엄청난 지식을 얻게 된다.

3. 모든 미팅에 참석한다

네트워크마케팅에는 각종 미팅(홈 미팅, 스폰서 미팅, 그룹 미팅), 컨벤션, 세미나, 펑션 등의 사업자모임이 있는데 이런 모임에 참석함으로써 성공한 리더사업자의 노하우를 배울 수 있다.

이러한 미팅은 성공한 사람들의 사고방식, 타인에 대한 마음가짐, 대인관계 등을 직접 배울 수 있는 '만남의 장'이라 할 수 있다. 또한 미팅은 당신의 잠재의식을 깨우쳐 '나도 성공할 수 있다' 라는 동기부여를 해줌으로써 마음자세가 바뀌고 불타는 정열을 오래 유지시켜 준다.

4. 매월 최소한 15회 이상의 사업설명을 해야 한다

네트워크마케팅이야말로 당신이 뿌린 씨앗의 수로 수확량이 결정되는 사업이다. 씨를 뿌린다는 것은 행동하는 것을을 말하며, 행동하게 되면, 반응이 있고 그것이 수확으로 반드시 이어지는 것이다. 네트워크마케팅에서 씨앗을 뿌린다는 것은 과연 무엇일까? 그것은 바로 고객들에게 이 사업을 설명하는 것이다.

가능한 한 빨리 성공하고 싶다면, 이 엄청난 정보를 매일 사람들에게 알리는 것이다. 단, 초기의 사업설명은 누구나 이해하기 쉽고 지루하지 않도록 하는 것이 좋으며 누구나 모방할 수 있도록 간단해야 한다. 네트워크마케팅이란 복제사업이기 때문에 초기사업자들에게 어렵게 설명하면, 그들은 이 일을 도저히 해낼 수 없다고 생각할 수도 있기 때문이다.

5. 100% 자사제품을 사용한다

무엇보다 네트워크 사업자라면 100% 자사제품 애용은 사업의 기본 중의 기본이다. 일단 제품을 쓰는 것은 우리 사업자들이며 우리가 사용하기 위해 만들어진 것이다.

제품 애용을 통해 제품에 대한 신뢰를 쌓고 고품질의 제품이 통용될 수 있도록 '감시자' 역할도 해야 한다. 100% 애용이라고 해서 불필요한 제품을 산다는 말은 아니다. 다만 뭔가를 살 때는 자기회사가 어떤 제품을 취급하고 있는지 카탈로그를 살펴본 후, 자사제품을 우선적으로 사는 습관을 붙이는 것이 기본이다.

6. 제품 정기주문자들을 확보하라

별 어려움 없이 정기고객 확보로 한 달에 최저 몇 십만 원짜리 제품을 유통시키는 것이 가능하게 되며 이 정기고객들 중에서 다운라인의 사업자가 나올 수도 있는 것이다.

7. 정기적으로 상담을 받는다

네트워크마케팅에서는 스폰서나 업라인이 상담을 해준다. 뭔가 새로운 것을 하거나 무엇을 어떻게 해야 할지 모를 때는 혼자 고민하지 말고 스폰서나 업라인과 의논하라. 스폰서와 업라인은 사업에서 성공하는 조건과 원칙을 알고 있을 뿐만 아니라 이미 '성공의 길'을 가 본 경험이 있기 때문에 해야 할 일을 가르쳐 줄 수 있다.

8. 서로 믿고 돕는다 - 신뢰 구축

네트워크마케팅에서 성공하려면 스폰서, 업라인, 다운라인은 물론 타 계열의 그룹원들 그리고 비사업자도 포함한 모든 사람의 험담이나 버릇, 해(害)가 되는 얘기는 절대로 하지 말아야 한다. 네트워크마케팅에서 사람간의 신뢰가 무너지면, 성공은 보장받지 못 한다. 스폰서를 존경하고 다운라인을 아끼며 서로 격려하고 돕는 것이 바로 '성공의 지름길'이다.

위의 8가지 항목은 여러분이 네트워크마케팅을 시작하면서 필수적으로 실천해야 하는 사항들이다. 물론 이 8가지 항목을 완전히 실천하기란 쉽지 않지만 실천하겠다는 마음을 항상 가지고 사업을 하다 보면 성공은 훨씬 빨리 다가올 것이다.

다음과 같은 표를 만들어 사용해보자. 8가지 항목을 실천하는 데 많은 도움이 될 것이다.

8 CORE (   )월 체크 리스트

내용 \ 날짜	1	2	3	4	5	6	7	8	9	……	……	……	……	……	31
1 책읽기															
2 테이프 듣기															
3 미팅 참석															
4 애용															
5 소매고객 유지															
6 STP															
7 상담															
8 신뢰 구축															

Ⅲ. 사업 시작 초기에 꼭 알아야 할 사항

1. 회사를 알아야 한다

네트워크마케팅에 특성상, 사업을 대부분 가까운 친구나 가족으로부터 소개받기 때문에 회사에 대한 믿음보다는 소개한 사람을 믿고 회사를 선택한다. 사업을 처음 시작하는 사람에게는 회사를 판단한다는 것이 쉬운 일이 아니다. 미국의 경우, DSA(직접판매협회) 가입이 쉽지 않지만 일단 가입되어 있으면, 공신력 있는 우수한 회사로 인정한다. 그러나 우리나라의 경우, 네트워크마케팅 회사를 설립하면, 누구나 협회에 가입할 수 있어 그리 좋은 판단 기준이 되지는 못 한다.

만약 네트워크 사업도 다른 프랜차이즈처럼 보증금이 있어야 한다면, 사업을 소개한 사람을 못 믿어서가 아니라 투자금에 대한 리스크를 줄이기 위해 회사 선택에 신중을 기할 것이다. 네트워크마케팅은 빨리 시작하는 것이 중요한 것이 아니라 충분히 알아본 후에 훌륭한 회사를 선택하는 것이 성공의 첫걸음이다.

유명한 네트워크마케팅 회사는 저마다 장점이 있고 실제 시스템 자체에는 이론상 별 문제가 없다. 그러나 일단 사업을 시작해 보면 처음에는 꿈이 있기에 열심히 하지만 시간이 지나면서 스스로 여러 곳에서 어려움을 겪게 되고 네트워크마케팅으로 성공할 수 있을지 의심하기도 한다.

이 어려움이 단지 자신의 대인관계 미숙이나 사업 전개

의 잘못된 방법 또는 스폰서의 지원이 부족해서라면, 개선만 하면 해결될 수 있다.

그러나 근본적으로 시스템 자체 문제로 생긴 문제라도 자신의 노력 부족 또는 사업에 대한 확신 부족으로 사업 진행이 미진하다고 판단하는 경향이 있다. 왜냐하면 사업 시작 전, 이 회사에 대해 확신을 갖고 시작했고 사업을 하면서 주위사람에게 회사에 대해 늘 자신있게 말해 왔으며 그렇게 생각하기 때문이다.

네트워크마케팅을 처음 접할 때, 대부분은 이 사업을 쉽게 받아들이지 않지만 이 사업을 이해하고 나면 누구보다 열심히 하게 된다. 그래서 이 회사를 선택한 자신의 판단이 옳다고 믿기 때문에 새로운 회사의 정보를 접해도 무시해 버리는 경향이 있다. 타사 정보를 접하면, 듣고 나서 판단해도 전혀 무리가 없는데 자기회사가 최고라는 생각으로 네트워크마케팅을 처음 소개받았을 때처럼 똑같이 새로운 정보를 쉽게 받아들이지 않는다.

그러나 요즘 급변하는 세상처럼 네트워크마케팅도 하루가 다르게 변하고 있다. 다시 말해, 점점 사업 환경이 쉽게 변한다는 것이다. 왜냐하면 회사는 더 많은 매출을 올리기 위해 타사의 장점을 취하고 자사의 단점을 보완한 시스템을 개발하기 때문이다. 그러므로 보상플랜은 계속 변하고 있다. 그러나 타사에 비해 취약점들 예를 들어, 프로그램의 문제, 기득권자의 반발 등의 여러 가지 이유로 근본적으로 시스템을 바꾸는 것은 어렵다. 그러나 비정상적인 회사의 보상플랜은 자주 변하며 아무 이유없이 회사 이름까지 바꾸기도 한다.

네트워크 사업자들은 고정관념이 깨진 후, 이 사업을 시작했듯이 사업을 하면서 자신도 모르게 형성되는 고정관념을 경계해야 본인에게 그만큼 더 많은 성공 기회가 생긴다. 그러므로 가능한 한, 회사에 대해 많이 알고 있어야 한다. 경영진도 만나보고 사무실도 방문해 보라. 회사에 대해 많이 알면 알수록, 더 효과적으로 사업을 할 수 있다.

다음 사항은 반드시 점검해야 한다.

– 성공할 수 있는 네트워크 회사 구별법(1)-

회사 최고경영진과 주변인물(주체세력)들의 신상을 검증하라!

주변의 친인척이 평생 고수익이 보장되는 자신을 사업에 초대하더라도 무조건 그가 말하는 사업 내용을 받아들이지 말고 그가 사업 주체세력들을 얼마나 알고 있는지 확인해 봐야 한다. 그 다음, 그가 회사 경영진들에 대한 자세한 소개서(프로필)를 준비하지 않은 상태에서 당신을 설득하려 한다면, 그가 말하는 사업정보만큼은 절대

믿지 말라. 정중히 사절하는 용기가 필요하다. 이 부분에서 단호하지 못한 자는 반드시 훗날 후회할 것이다.

아는 사람을 통한 새로운 정보는 마약과도 같은 힘을 발휘하지만 시간이 지나면서 현실과 환상의 차이를 뼈저리게 느끼게 해 준다. 사업을 선택할 때는 무엇보다 그 회사의 실세(實勢)를 분명히 알고 난 후에 시작하는 것이 기본이다.

전쟁터의 지휘관이 누구인가에 따라 전 병사들의 생사가 결정되듯이 국가의 최고통치자가 누구인가에 따라 나라의 운명이 바뀌고 한 가정의 가장(家長)이 어떤 사람인가에 따라 가족의 행복과 불행이 결정된다. 그 어떤 조직보다 뛰어난 경영 감각과 탁월한 리더십이 없으면, 치열한 생존경쟁에서 살아남을 수 없는 기업에서야말로 최고리더가 누구인가에 따라 회사 운명이 바뀌는 중요한 문제이다.

특히 네트워크마케팅이 서구에서 유래한 획기적인 유통기법임에도 불구하고 왜곡된 다단계 문화를 앞장서 도입한 후에 중도파산을 빚는 경영자들이 적지 않은 것이 엄연한 현실인 만큼 최고경영자와 그 회사의 핵심 인물들을 철저히 검증하는 것이 필수이다.

사실, 시대흐름에 맞는 비즈니스 마인드를 갖춘 네트워

크마케팅 회사의 경영자라면, 이런 요구에 부응해 스스로 자신의 프로필과 모든 경영진의 신상자료를 홍보책자 (brochure)에 자세히 밝혀야 한다.

이런 태도는 기업대표로서 자사의 수요층 고객과 사업자인 네트워크 마케터들에 대한 기본 예의이자 사업 성패에 대한 최고책임자로서 마땅히 갖춰야 할 도리다. 아울러 회사에서 그런 기회를 활용해 최고경영자가 지닌 경영철학과 확고한 성공프로그램을 제시함으로써 회사에 대한 대내외적인 신용도 즉, 경쟁력을 높일 절호의 기회이기도하다.

물론 여기서 개인사업자들이 중점을 두어야 할 부분은 그 회사 최고경영자가 반드시 경력이 화려한 캐리어맨 (career-man)이어야 한다는 고정관념보다는 열정과 경영자 자질 그리고 정말로 사람을 중시하는 덕망을 갖춘 진정한 신용맨인가의 여부를 파악하는 것이 마땅하다. 더 나아가 이 원칙에 따라 자신을 새로운 사업에 초대하는 이른바 '스폰서'와 소속그룹의 상위사업자(리더그룹)까지 검증한다면, 훗날 사업이 잘못되는 상황이 되더라도 사람은 잃지 않는 값진 경험을 할 것이다.

〈한국네트워크마케팅신문 2002년 5월 7일〉

2. 제품에 대해 알아야 한다
네트워크가 제대로 형성되려면 제품이 좋아야 하며 품

질이 좋다면, 당연히 그 제품의 재구매율은 높을 것이다. 그런데 어떤 사람이 제품을 사용해브고 품질에 만족하지 못 한다면, 다음에는 다시 사지 않을 것이고 다른 사람에게도 그 제품을 권하지 않을 것이다. 이렇게 되면 결과적으로 네트워크는 유지되지 못하고 두너지게 된다. 그러므로 사업 성공의 필수요소로 제품이 좋아야 하고 '사용경험자들이 효능을 느껴야 한다' 라는 전제가 필요하다. 물론 효능을 느끼려면 직접 사용해보면 되지만 문제는 사용해 보기까지의 과정이 필요하다는 데 있다.

이런 이유로 네트워크마케팅에서는 제품 공부에 많은 시간을 투자해야 한다. 이를 위해 만일 아이템 중에 화장품이 있다면, 손으로 직접 발라주어 스스로 느끼게 하는 것이 좋고 건강식품인 경우, 대개 복용 즉시 효능을 알 수 없으므로 제품의 장점을 이해시키는 과정이 필요하다. 바꿔 말하면, 건강식품은 입으로, 화장품은 손으로 공부하고 알리는 것이다. 반대로 실연(demonstration)함으로써 우수성을 알려야 하는 제품에는 세제류가 있다. 지금까지 설명한 내용의 결론은 제품설경을 들어 본 사람이 '이 제품을 정말 사용해보고 싶다' 라는 마음이 생기도록 해야 한다는 것이다.

우선 제품을 사용해봐야 한다. 제품은 우수하고 자랑거리가 있어야 한다. 다른 경쟁제품에 비해 당신이 다룰 제품의 특징과 장점은 무엇인가? 제품 사용경험을 되살려 이런 제품의 특징과 장점을 설명하면, 제품에 대한 확신을 주면서 설득력있는 홍보효과를 거둘 수 있다.

3. 보상플랜을 확실히 이해하라

마케팅 플랜을 이해하고 있어야 한다. 회사의 보상플랜을 공부하고 업라인의 설명을 들어라. 본인과 다운라인의 판매실적에 따른 보너스 규정을 알고 있어야 한다. 또 효율적인 지급비율도 이해하고 있어야 한다. 이 외에도 본인과 본인의 그룹이 일정한 가정 하에서 얼마나 돈을 벌 수 있는지 알고 있어야 한다.

"무엇이 최상의 보상플랜인가?" 물론 이에 대한 정답은 없다. 그러나 주어진 상황에서 적합한 보상플랜을 선택하는 평가 기준은 살펴보아야 한다.

네트워크마케팅은 매력적인 유통구조임에 틀림없으나 일부 회사는 이런 시스템을 악용해 합법을 가장한 불법을 자행하는 곳들이 있다. 따라서 좋은 회사를 선택하려면 자체 공장이 있는지, 제품 아이템이 내게 맞는지, 가격대는 적당한지, 품질은 우수한지 등을 꼼꼼히 알아봐야 한다. 그러나 무엇보다 중요한 것은 보상플랜에 대한 평가이다.

● 방식이 단순한가?

설명하기 쉬운 방식일수록, 다운라인 구축이 용이하다. 즉, 수수료 계산법을 알고 있어야 설득력있는 설명이 가능하다.

● 보상플랜이 정하고 있는 조직의 폭과 깊이는 어떤가?

모든 방식은 조직의 폭과 (또는) 깊이를 제한한다. 그 조직의 폭과 깊이에 따라 조직의 성장 가능성이 달라진다.

● 수익 잠재력은 어떤가?

첫 단계에서 얻을 수 있는 소매이득과 최고단계에서 얻을 수 있는 소매이득의 범위를 살펴본다. 그 다음, 다운라인에게 제품을 도매가로 팔아 생기는 이득을 계산해본다. 특히, 브레이크어웨이 방식에서 독립한 조직에서 생기는 수수료 비율을 따져봐야 한다.

● 최저 그룹판매량 기준은 어떤가?

회사마다 디스트리뷰터로 인정받기 위한 자격이 다르다. 의무 구입량이 너무 많거나 너두 적으면, 문제가 생길 수 있다.

● 약관의 세부 항목들은 어떤가?

1개월 할당량의 계산방식, 할당량을 완수하지 못한 경우의 조치, 롤 업(Roll-up) 제도의 유무 등을 살펴봐야 한다.

● 마케팅 플랜이 자신에게 적합한가?

가장 중요한 기준이다. 각 플랜은 장점과 단점이 있다. 이것들이 자신에게 맞는지 충분히 파악하고 적합한 것을 선택해야 한다.

다음의 내용을 참조하면, 보다 쉽게 보상플랜을 이해할 것이다.

성공할 수 있는 네트워크 회사 구별법(2)

네트워크마케팅의 메커니즘(mechanism)에 맞는 '보상플랜'을 갖추고 있는지 검토하라

네트워크마케팅의 특징과 장점을 잘못 이해하고 있는 일부 업체에서 흔히 네트워크 사업은 '팔지 않고 자동으로 파는 시스템을 만드는 사업'이기 때문에 누구나 시작만 하면, 쉽게 성공할 수 있다는 말로 '비즈니스 마인드'가 전혀 없는 사람들까지 마구잡이로 끌어들이고 있는데 이는 네트워크마케팅이 뛰어난 판매사업인 이유를 제대로 이해하지 못한 무지(無知)에서 비롯된 것이다.

건전한 정통 네트워크마케팅이 고수익을 만들어내게 되어 있는 '메커니즘'을 분석해 보면 다음과 같다.

'B'라는 소비자는 'K'라는 회사의 제품만 오랫동안 사용해왔다.

그가 비슷한 종류의 타사 제품을 사용하지 않고 K사 제품만 꾸준히 사용해온 것은 품질이 우수하면서도 제품에

따라 10~30%까지 할인해주기 때문이다. 게다가 제품을 최초로 그에게 권했던 K사의 'A'라는 마케터(사업자)는 첫 인연을 맺은 후, 지금까지 변함없이 자신에게 관심을 보여줄 뿐만 아니라 집안에서 다른 문제가 생겼을 때도 다양한 방법으로 도와주는 정말 고마운 존재다.

그래서 B는 좋은 제품을 남보다 값싸게 살 수 있도록 도와주고 다른 면에서도 기꺼이 도와주는 A에게 보답하고자 얼마 전부터 주변의 몇 명을 소개해 주었다. 그랬더니 A는 이번에는 몇 가지 선물을 더 가져와 B에게 말하길, "이런 사업에 적합한 것 같은데", "직접 해보지 않겠나"라고 물어왔다.

사실, B는 그 동안 A의 활동을 지켜봐 오면서 자신도 그렇게만 하면 A의 수입 정도는 쉽사리 올릴 수 있을 것으로 생각해왔기 때문에 결국 정식사업자(신규마케터)로 본사에 등록했다. 그 후 B는 과거 A가 받았던 본사의 체계적인 〈마케팅 교육〉을 이수하고 나서 A의 후원으로 많은 소비자 군단을 확보한 것에 더해 신규사업자를 몇 명 모집하여 매월 많은 매출을 올리고 있다. A 역시 그 후 더 많은 소비자와 신규사업자를 만들어 더 탄탄한 기반을 구축했다.

지금까지 간단히 소개한 것처럼 본사로 하여금 '판매권'을 확보한 사업자가 비즈니스 활동을 벌여 자신의 제품을 신봉하는 '소비자그룹'을 만들어가면서 별도로 자신과 같은 판매활동을 하는 '대리점' 격인 제2의 '나' (신규사업자)를 구축해 나가는 것이 정통 네트워크마케팅 기법이다(물론 이 때 신규사업자는 어느 정도 자기사업을 이끌고 나갈 자질이 있는 사람이어야 한다). 따라서 이런 네트워크마케팅 전략이 성공하기 위해서는 수익 분배구조(보상플랜) 가운데 레그 구축에 따른 '다단계 수당'과는 별도로 소비자에게 판매시 주어지는 '직접판매 수당'으로 30~40%가 반드시 책정되어 있어야만 한다. 참고로, 피해자들을 만들지 않으면서도 롱런할 수 있는 네트워크마케팅에서 권장되는 수익 분배구조는 다음과 같다.

1. 소비자 가격 – 시중에서 그 제품의 정상가격(100%)으로 인정되는 상품값

2. 회원(사업자) 공급가격 – 본사에 대리점(판권) 자격이라고 할 수 있는 '사업자'로 회원등록을 마친 마케터들에게 소비자 가격보다 30~40% 정도 싸게 공급해 마케터들의 '직접판매 수입'을 보장해 주면서 그들이 더 많은 자사제품 신용자(잠재회원)들을 확보하기 위해 자기고객들에게 할인혜택을 줄 수 있도록 제공되는 가격

– 건전한 정통 네트워크마케팅에서 사업자(회원)란, 1차적으로 특정회사가 보유하고 있는 제품들을 직접 판매해 수입을 올리는 개인사업을 하기 위해 자신이 판매에

가장 자신있는 품목에 '대리점 판권'을 획득하는 것이며 평생 고소득을 보장해 준다고 소개되어 있는 보상플랜에 따른 이익 배분은 그처럼 판권획득 후에 소비자 판매를 진행해 나가는 동안 자신처럼 '무점포 대리점 판권'을 획득해 개인사업을 하고자 하는 사람을 본사에 소개함으로써 결국 회사 전체매출 증대에 기여한 공로로 주어지는 일종의 특별보너스(회사 공동이익 태분)인 것이다.

- 결국 네트워크 판매 보상플랜에서 이 '직접판매 수당'이 빠진 경우, 소비자 판매 통로가 원천봉쇄되는 것이므로 결국 사업참여자들이 '레그 구축' 중심의 편법적인 다단계에 몰입할 수밖에 없게 된다.

3. 생산(제조원가 및 마진) 비용 - 통상 소비자 가격의 20~30% 정도로 정해져 있다.

4. 보상플랜(유통이익의 공동분태) - 소비자가격에서 생산비와 직접판매 수당을 빼고 나면, 회원(사업자) 활동으로 구축된 레그에서 발생한 매출(이익)이 남게 되는데 이 이익금을 각 사업자의 공로(레그 구축 노력) 정도에 따라 분배한다.

- 판권을 확보한 사업자(회원)가 자기 휘하에 한번 구축한 회원의 매출 이익에 대한 분배 자격은 영구적으로 보장되므로 자기 휘하에 유능한 마케터를 많이 확보할수

록, 더 많은 이익이 보장된다(이를 편법 적용한 운영이 이른바 판매하지 않아도 된다는 레그 구축 중심의 다단계 사업이다).

따라서 네트워크마케팅의 두 가지 키워드는 1차적으로 자기제품을 구입해주는 소비자군단을 얼마나 많이 거느리는가와 그 중에서 경영자적 자질을 갖춘 사업자를 얼마나 구축해 나가는가이다. 물론 여기에는 이런 구도를 만들어 나가는 데 적합한 이익 분배체제가 회사 차원에서 만들어져야 함은 기본이고 더 중요한 것으로 네트워크 사업에 참여하는 모든 사업자(회원)들이 탁월한 경영자(전문 마케터)로서 자격을 갖출 수 있도록 만들어 주는 교육 마련 즉, 회사 안에 사업자들이 반드시 성공적인 네트워크가 될 수 있는 '성공시스템'을 만드는 것이다.

※ 회사의 성공시스템(교육 프로그램)을 확인하라

지금까지 간단히 살펴 본 내용만 보더라도 어느 정도 판단력이 있는 사람이라면, 네트워크 사업이 누구든지 시작만 하면 별 노력 없이 평생 큰 돈을 벌 수 있는 직업이 아님을 이해했을 것이다.

사실, 서구에서 네트워크마케팅이 그토록 각광받고 네트워크 사업으로 성공한 사람들이 사회적 존경을 받는 것은 다름 아닌 네트워크마케팅이 지금까지 알려진 그 어떤

마케팅보다 인간을 중시하는 '고객 감동 작전 사업'이기 때문이다.

본사 제품 판매권을 획득한 사업자는 비록 무점포이지만 대기업 최고경영자 못지 않은 경영 마인드와 독립된 자기사업에 대한 열정과 애착을 가지고 있다.

그런 사업자가 작은 이익에 급급해 불신을 조장하거나 주변사람들을 실망시키는 언행을 한다는 것은 생각할 수도 없으며 오히려 그는 단 한 명의 자기제품 애용자(소비자)를 만들기 위해 자신이 할 수 있는 모든 가치있는 노력을 밤낮으로 할 것이다.

그 사업자의 제품을 구입하는 대부분은 처음에는 제품의 매력 (품질이 좋고 가격이 저렴하다)에 의해 관계를 맺을지라도 나중에는 그 사업자가 지닌 투철한 직업관과 참으로 존경받을 만한 인품에 매료되어 평생고객 또는 신규사업자로 참여하게 된다.

그렇다. 네트워크 사업자는 사람이 가장 큰 자산(재산)임을 알기 때문에 자신의 제품을 팔기에 앞서 그리고 한 명의 신규사업자를 리크루팅하기에 앞서 주위사람들은 물론 낯선 사람들 모두에게 자신의 최대가치(인격)를 먼저 판다.

그는 자신의 제품 구입자 여부를 떠나 모든 사람을 차별하지 않고 인격적으로 대하며 자신이 도울 수 있는 모

든 방법을 동원하여 사람마다 다른 기호에 맞는 '서비스'
를 베풀어 그를 한 번이라도 만난 사람으로 하여금 자신
을 다른 사람에게 소개하지 않을 수 없도록 만드는 사람
으로 처신한다.

그는 누가 보아도 크게 성공할 수밖에 없는 사람임을
말과 행동으로 나타내는 참으로 시대흐름에 맞는 경영 마
인드를 갖춘 진정한 사업가(경영자)인 것이다.

바로 이것이 네트워크마케팅에서 성공할 수 있는 사업
자(회원)들의 표준 모델이다.
〈한국네트워크마케팅신문 2002년 5월 7일〉

4. 나는 월급쟁이가 아닌 사장이다

당신은 사업주이다. 즉, 이 사업은 제한된 지역적, 시간
적 기본영역이 없기 때문에 하고 싶은 곳에서 일할 수 있
으며 열심히 또는 적게 일할 수도 있다는 뜻이 된다. 그러
나 사업을 잘하고 싶다면, 열심히 그리고 현명하게 일할
준비가 되어 있어야 한다. 그러므로 아마추어 정신이 아닌
프로정신으로 사업을 하라. '대강 적당히' 라는 생각으로는
성공할 수 없다. 철저히 그리고 적극적으로 사업을 하라.

네트워크마케팅 사업은 무점포 사업이다. 그렇다고 원칙
이 없는 것은 아니다. 유점포 사업과 마찬가지로 무점포 사
업도 가게문을 열었다 닫았다 하면, 사업이 될 리가 없다.

생각해보자. 여러분이 새로운 가게를 열었다고 치자. 전날에는 분명 아침 7시에 문을 열었고 그것을 본 손님이 다음날 아침에도 7시에 문을 열줄 알고 물건을 사러 다시 나갔는데 문이 굳게 닫혀 있다면? 그 가게는 성공할 리 없다. 직장생활도 마찬가지다. 직장인이 몸이 좀 아프다고 쉴 수 있는가? 가까운 친구집에 일이 있다고 마음대로 결근할 수 있는가? 무점포 사업인 네트워크마케팅 사업도 마찬가지다. 자기사업인 이상 철저히, 적극적으로 하라.

5. 꿈을 정하고 목표를 설정하라

여러분의 꿈이 커질수록, 여러분의 열정도 커지고 그에 따라 여러분의 성취도 커질 것이며 여러분의 발걸음은 더욱 바빠져 결국 여러분이 원하는 일들을 해낼 수 있는 재정적 여유와 안정을 가질 수 있게 될 것이다.

여러분이 능력은 있으면서도 성취하지 못하는 것은 여러분의 꿈과 목표가 명확히 정리되지 않고 마음속에만 있기 때문이다.

여러분의 목표를 크게 장기적 목표, 단기적 목표로 조목조목 명확히 정리한 뒤 이를 시각화(視覺化)하라.

● 최우선 목표
1. 가지고 싶은 것은 무엇인가?
2. 비용은 얼마나 드는가?
3. 이것(목표 또는 성공)을 얼마나 빨리 원하는가?

4. 최우선 목표가 무엇이든 다음의 방법처럼 구체화해 실시하라.
   - 그림이나 사진을 오려 거울이나 냉장고에 붙여 놓는다.
   - 쇼핑한다.
   - 구경하고, 여행하고, 입어보고, 아파트 모델하우스를 구경한다.
   - 지금 당장은 아니더라도 얼마 후에는 내가 원하는 것을 반드시 가질 수 있다는 신념을 계속 키운다.

● 장기적인 목표
1. 크게 생각한다. 성공의 크기는 생각의 크기에 달려 있다.
2. 재정적 독립, 조기 은퇴, 자유 등에 대한 구체적 계획을 세워 목표를 수립하라.
3. 왜 장기적인 목표를 원하는가?
4. 얼마나 진지한가?

● 그 누구에게도 당신의 꿈을 뺏기지 말라!
 (Don't let anybody steal your dream!)
여러분의 꿈과 목표를 여러분의 파트너에게 얘기하고 그들도 그런 꿈을 갖도록 만들어 준다(Dream Builder). 또한 이런 꿈과 계획을 여러분 자녀에게도 얘기함으로써 그들도 꿈과 계획을 갖도록 해줘라. 그러면 여러분의 자녀는 올바로 자랄 것이며 독립심도 강해진다. 선명한 꿈과 강렬한 욕구가 없이 이 사업을 하는 것은 마치 자동차에 브레이크를 걸고 차를 움직이려는 것과 같다. 내가 저녁에 더 뛰어야 하는 이유를 분명히 안다면, 성공할 수 있다.

인생의 수수께끼 중 하나는 '왜 어떤 사람은 성공하고 어떤 사람은 성공하지 못 하는가?' 이다. 그 최고의 대답은 '그들이 꿈을 가지고 있는가' 이다. 꿈이 없다면, 아무 일도 이루어지지 않는다. 꿈이 없는 인간은 사멸(死滅)할 것이라고 성서에서도 말하고 있다. 꿈과 목표가 없이 지내는 시간, 달수, 햇수는 낭비이다. 이런 인생에서 결실은 결코 없다. 큰 꿈을 가진 사람은 모든 사실을 알고 있는 사람보다 강하다. 우리의 인생은 꿈으로 이루어진다. 현재 우리가 어떤 존재이고 어디에 있든 그것은 인생의 꿈이 현실로 나타난 것이다. 그래서 끊임없이 꿈을 갖는 것은 상당히 건강하고 바람직한 습관이다.

우드로 윌슨(Woodrow Wilson)은 이렇게 말했다. "우리는 꿈으로 인해 성장한다. 모든 의인은 꿈을 가진 사람들이다. 어렵고 힘든 시절에도 꾸준히 그 꿈들을 키워 나간다. 그러나 결국 그 꿈이 환한 햇살을 보면서 피어나도록 한다. 그런 날은 반드시 자신의 꿈이 이루어지기를 간절히 바라는 사람에게만 찾아오는 것이다" 라고.

'성공이란, 가치 있는 꿈의 점진적 실현' 이라고 한다. 그렇다면 여러분의 꿈은 과연 무엇인가?

IV. 성공적인 고객모집을 위한 전략

1. 어떤 사람을 찾아야 하나?

예상고객을 찾는 데는 다음의 두 가지 면에 중점을 두어야 한다. 첫 번째는 잠재고객을 찾는 것이다. 고객 중 일부는 조직에 참여해 디스트리뷰터 가격 즉, 회원가격으로 제품을 구입하고자 할 수 있다. 두 번째는 신규가입자를 모집해 고객으로서뿐만 아니라 네트워크에 가담시켜 함께 사업할 수 있다. 따라서 이 모든 경우를 감안해야 한다. 왜냐하면 예상고객이 어떤 부분에 관심이 있는지 알 수가 없기 때문이다. 그러므로 섣불리 "이 사람은 안할 것이다"라고 미리 판단하는 것은 금물이다.

그리고 항상 자신의 고객이 편안하게 느낄 수 있는 분위기를 만들어야 한다. 예상고객과 얘기할 때, 주문 및 회원가입 신청서 등을 보이는 곳에 두어라. 이렇게 하면 예상고객은 이 양식들을 받고 주문이나 가입 신청을 할 마음의 자세를 갖추게 된다. 그리고 열린 마음을 갖고 있어야 한다.

어떤 사람들은 상대방의 네트워크에 가입하지 않겠다고 얘기하거나 제품 사용을 거절하는 것을 어려워 할 수도 있다. 이런 얘기를 들은 상대방도 거절당한 것에 화가 날 수 있다. 그러나 마음의 문을 열어 두어라. 상대방을 마음 편하게 해 주어라. 그러면 다시 그들을 만날 날이 있을 것이다. 왜냐하면 상대방에게 신뢰를 잃지 않는 한, 언젠가는 다시 만나 사업얘기를 할 수도 있고 상대방도 그 때쯤이면 좀더 열린 마음으로 들을 수도 있기 때문이다.

그리고 자신의 네트워크에 사람들을 가입시키려 할 때, 경우에 따라 자신의 인생 비전이 없는 사람도 만날 수 있다. 이들에게 그들이 가진 잠재력을 보여주고 격려해주지 않으면, 이들은 별 볼일 없는 후보토만 남는다. 이런 사람들은 네트워크마케팅이 인생을 바꿀 수 있는 기회를 어떻게 제시해 주는지 알려고도 하지 않으며 그렇다고 여기에 대한 설명도 거절하지 않는다. 이들의 인생을 바꾸는 것은 여러분에게 달려 있다.

2. 소개를 부탁하라

본인의 고객 명단을 계속 증가시키는 방법으로 소개가 있다. 만약 상대방이 관심을 보이지 않으면, 제품이나 사업에 관심이 있을 듯한 사람을 소개시켜 줄 것을 부탁해 보라. 최소한 3명 정도 소개받거나 본인에게 소개시켜 줄 수 있는 사람의 이름을 알아보라. 개인적으로 소개받는 것은 매우 중요하다. 왜냐하면 처음 연락할 때, 소개받은 사람의 이름을 말하면, 대화하기가 훨씬 쉬워진다.

소개를 부탁하라. 네트워크마케팅의 기본 개념은 소개에 있다. 즉, 한 명으로부터 다음 사람을 소개받는 것이다. 소개해 준 사람에게 감사를 표하고 또 다른 소개를 부탁하라. 소개받은 사람에게 전화를 걸어 다음과 같이 말한다. "홍 길동 씨의 소개로 전화했습니다. 선생님께서 필요로 하신 것을 구할 수 있도록 돕고 싶습니다." 또는 "선생님께서 궁금하신 점들을 도와 드리겠습니다."

우리가 흔히 사용하는 컨택 방법을 크게 세 가지로 나누어 보면

① 평소 아는 사람을 컨택하는 웜 컨택(warm contact)
② 모르는 사람을 컨택하는 콜드 컨택(cold contact)
③ 아는 사람을 통해 소개받는 컨택(referrals)이 있다.

일반적으로 사업자들은 웜 컨택과 콜드 컨택은 잘 하는데 소개 컨택은 잘 하지 않는다. 하지만 소개 컨택은 여러 가지 이점이 있다. 본인은 사업에 관심이 적거나 사정이 여의치 않을 경우, 주변에 자기가 잘 아는 사람을 소개해 주면, 서로 간에 거부 반응이나 입장이 한결 달라질 수 있기 때문이다. 그러므로 소개 컨택은 적극 활용할 만한 가치가 있다고 하겠다.

3. 진주를 발견하라

여러 사람을 만나다 보면 본인의 사업에 맞지 않는 사람을 만날 수도 있다. 그러나 성공적인 네트워커는 만나는 모든 사람을 '진주조개'로 생각해야 한다. 그런 후, 만나는 사람을 관찰하면서 상대방의 조개 안에 진주가 들어

있는지 알아봐야 한다. 진주가 없다면, 다음 사람을 찾아봐야 한다. 진주가 없는 사람을 위해 많은 시간을 투자할 필요는 없으니까.

필자는 TV에서 진주조개잡이들의 스토리를 본 적이 있다. 그들은 무수히 많은 조개를 캐지만 진주가 든 경우는 극히 적다. 어떤 때는 캐낸 조개 속에서 단 하나의 진주도 못 캐내는 경우도 있다. 하지만 그 진주조개잡이들은 포기하지 않고 다시 바다 속으로 몸을 던진다. 진주는 귀할수록 값어치를 더 하기 때문이다. 우리 네트워크마케팅 사업자들도 마찬가지다. 진주를 가슴에 품은 한 명을 만나려면 일단 많이 만나야 하는 것이다. 하지만 그 진주 속에서도 누가 가장 값진 흑진주가 될지 모를 일이다. 이 사업에서 성공한 사람들은 다양하다. 별로 기대를 하지 않은 사람이 크게 성공할 수 있는 반면, 크게 기대했던 사람은 성공 근처에도 못갈 수도 있다. 따라서 최상의 방법은 모든 사람에게 기회를 주고 똑같이 관심을 갖는 것이다. 그리고 나서 이들이 사업에서 성공할 수 있도록 도와줘야 한다.

그러면 진짜 값진 흑진주가 될 만한 사람은 어떻게 가릴 수 있을까? 네트워크마케팅 사업은 개개인의 능력보다는 자세가 더 중요한 사업이다. 즉, 그가 가진 영업력, 판매력보다는 자세 즉, 인내하는 자세, 미래를 바라보는 자세, 꿈을 소중히 여기고 반드시 이루겠다는 자세 등이 더 중요한 것이다.

때문에 사업을 처음 시작하는 사람을 보면, 대충 예견할 수 있다. 아무래도 흑진주가 될 만한 사람은 처음부터 열정을 가지고 사업하며 금방 눈에 띄기 마련이다.

사업에 대한 무한한 열정이 있는 사람은 술에 술탄 듯, 물에 물탄 듯 사업을 진행하는 사람보다 네트워크마케팅 사업을 성공으로 이끌 확률이 더 높은 것은 당연하다.

그리고 능력보다는 열정이 더 중요하지만 열정보다 훨씬 더 중요한 것이 있다. 그것은 다름 아닌 인내이다. 네트워크마케팅 사업을 성공으로 이끈 성공자 중, 초기에 파트너 한 명 없이 사업을 해 나갔던 분들도 볼 수 있다. 그런데 과연 무엇이 이들을 성공자의 길로 이끌었을까?

그것은 바로 인내이다. 네트워크마케팅 사업은 금방 돈이 되는 것은 절대 아니다. 미래를 내다보고 꿈을 생각하며 현재는 부질없어 보이는 노력을 계속해야만 성공하는 사업인 것이다. 그렇기 때문에 인내가 필요하다. 결심과 열정을 꾸준히 지속하는 사람은 틀림없이 큰 흑진주가 될 사람이다. 한자에서 인내(忍耐)의 '忍'은 심장(心)에 칼(刀:칼 도)을 갖다 대어도 꾹 참으라는 뜻이다.

4. 자기홍보
현대는 '자기홍보(PR) 시대'라고 한다. 주위를 둘러보라. 아무리 작은 가게도 개업 때는 전단, 현수막 등으로 홍보에 열을 올린다. 네트워크마케팅도 마찬가지다. 가만히 앉아만 있으면, 내가 무엇을 하는지 아무도 모른다.

가능한 모든 방법을 동원해 자신의 사업에 대해 사람들에게 얘기하라. 봉투에, 편지지 로고 아래에, 명함 여백에, 자동차에, 포장지에 본인이 판매하는 제품 정보를 인쇄해 놓을 수도 있다.

자신을 알리는 도구 중의 대표적인 명함을 한번 살펴보자. 명함은 사업에서 자신을 알리는 좋은 도구이다. 때문에 현대인치고 명함이 없는 사람은 거의 없다. 우리는 처음 만날 때, 명함을 주고받지만 며칠이 지나면, 꼭 필요해 만난 사이가 아니면, 금방 그 명함의 주인을 잊어버리고 만다. 그 이유는 단순히 인사치례로 명함을 주고받는 경우도 있지만 상대방에게 명함을 건넬 때, 상대방에게 어필할 만한 것이 부족하기 때문이다. 단순히 흰 바탕에 검정색 글씨로 쓰인 명함은 아무 감흥도 일으키지 못 한다.

생각을 바꿔야 한다. 명함은 단순히 이름만 건네는 도구가 아니다. 명함은 네트워크마케팅에 있어 가장 중요한 도구 중 하나이다. 이제부터는 명함 하나에도 신경을 쓰자. 모양이 특이해도 좋다. 색깔이 특이해도 좋다. 상대방에게 자신을 알리고 자신을 기억하게 할 수 있다면, 다양한 명함을 시도해 보는 것이 좋다. 특히 네트워크마케팅 사업자들은 명함에 자신의 사진을 넣는 것이 좋다. 그리고 사진은 딱딱한 증명사진이 아니라 미래의 비전을 알고 활짝 웃는 사진은 상대방의 기억에 오래 남을 것이다.

또한 모든 우편물에는 본인의 연락처를 남겨 사람들이 연락할 수 있도록 해야 한다. 본인이 사용할 수 있는 광고물은 수천 가지다. 오디오테이프, 교육자료, 인터넷, 전단지… 이 모든 것에 본인의 이름과 전화번호를 기입해 놓아야 한다.

내가 아는 한 네트워크마케팅 사업자는 자신의 신발 안에도 자신의 이름과 연락처가 적힌 스티커를 붙여 놓는다. 그래야 식당 등에서도 자신의 신발을 쉽게 찾을 수 있고 그 신발을 본 사람은 자신의 이름을 쉽게 기억할 수 있을 뿐만 아니라 네트워크 사업을 하는 것을 알리는 기회도 되기 때문이다.

미국의 어느 유명한 자동차 판매왕은 야구장에서 자신의 명함 수천 장을 공중에 뿌렸다고 한다. 그러자 이것을 보고 실제로 자동차를 구입하러 온 소비자가 있었다고 한다.

5. 전화통화는 짧게 하라

예상고객에게 전화를 걸어 약속을 정할 때는 말을 돌리지 말고 요점만 말하라. 상대방이 바쁠 때도 있으므로 통화는 간단히 해야 한다. 설명이나 얘기가 필요하면, 직접 만나는 것이 낫다.

6. 일찍 일어난 새가 벌레를 잡는다

사업을 시작할 준비가 되었으면 먼저 해야 할 일은 고객이나 예상고객을 찾아나서는 것이다. 다운라인을 모집할 때는 가능한 빨리 행동하는 것이 본인 네트워크의 참여율을 높일 수 있다. 우물쭈물하다가는 다른 사람이 먼저 연락해 정작 본인이 연락했을 때는 이미 '우수한' 예상고객이 다른 사람에게 등록해 버린 후가 될 것이다.

7. 예상고객 명단

예상고객을 찾는 첫 번째 단계는 연락을 취할 사람들의 명단을 작성하는 것이다. 이 단계에서 다른 방법은 없다. 예상고객 명단은 없으면 안될 중요한 수단이다. 세계적인 네트워커, 마크 야넬은 자신의 다운라인에게 각각 2,000명의 이름을 써 오도록 요구한다. 그러면 대부분의 다운라인은 즉시 '할 수 없다'는 반응을 보이지만 그는 이 작업을 고집한다. 그러나 일단 다운라인들이 이 작업을 시작하고 보면, 영원히 다른 마음자세를 갖게 된다.

한 네트워크마케팅 사업자는 다음과 같은 마음으로 명단을 작성하고 정리한다고 한다.

① 명단 작성 시 마음자세
- 청첩장을 돌리는 마음으로 생각나는 사람들을 모두 작성하십시오.
- 전도자의 마음, 구제자의 마음, 안타까운 심정, 쉰들

러 리스트를 작성하는 심정으로 작성하십시오.
- 누구를 이용하겠다는 마음은 금물이다. 이 사람을 반드시 성공시키겠다는 간절한 마음을 가지십시오.

② 군별(群別)로 나누어 생각하고 작성하십시오(생각나는 대로 최소한 200명 이상).
- 1군 : 친가 2군 : 외가 3군 : 처가(시가)
- 4군 : 초등, 중학교 동창
- 5군 : 고교 동창 6군 : 이웃, 단골
- 7군 : 각종 친목회
- 8군 : 종교단체
- 9군 : 직업관련 10군 : 동네상점, 막연한 면식이 있는 사람

③ 점수 평가 기준 : 집이나 직장에서의 거리 기준
- 지역 : 10분 이내(3점), 1시간 이내(2점), 1시간 이상(1점)
- 관계 : 친구, 친척(3점), 지인(知人)(2점), 면식(1점)
- 성향 : 긍정적(3점), 보통(2점), 부정적(1점)
- 생활 정도 : 상(3점), 중(2점), 하(1점)
- 직업 : 자영업(3점), 직장인(2점), 무직(1점)
- 나이 : 30~40대(3점), 20대 및 50대(2점), 그 외 (1점)
- 차량 : 有, 시간여유(3점), 有, 시간 없음(2점), 無 (1점)

- 결혼 : 기혼(3점), 이혼(2점), 미혼(1점)
- 자녀 : 대학생 이상(3점), 없거나 중고생(2점), 초
  등생 이하(1점)

※ 점수가 다소 낮지만 주변사람들에게 신뢰가 높은
  사람이 네트워크마케팅 사업을 잘 합니다.

④ 작성을 마친 후
- 반드시 1부를 복사해 자신의 상위스폰서 사장님께
  드리고 상담을 받으십시오.
- 각 군별 상위 5명에게 이 좋은 네트워크마케팅 사
  업을 최우선적으로 전달하고 수시로 추가 명단을
  작성하십시오.

성명	전화	지역	관계	성격	생활	직업	나이	자동차	결혼	자녀	총점수	기타 참고 사항

8. 아내 또는 남편을 모집하라

많은 사람들은 네트워크마케팅의 성공자에게 부러움을 느끼고 또 그 성공자가 이룩한 업적을 감탄하면서 바라본다. 하지만 그 이면에는 그 성공자의 아내가 이루어낸 것이 상당수라고 성공자들은 말한다.

네트워크마케팅의 성공자들이 남들보다 훌륭한 점이 있다면, 본인도 할 만큼 사업을 하지만 그것은 바로 아내를 움직이고 이끌어내는 능력이다. 흔히 부부가 함께 사업을 하면 1+1=2가 아니라 1+1=11의 효과를 낸다고 한다. 물론 사업초기부터 그런 것은 아니다. 사업초기에는 자주 싸울 수도 있다. 하지만 사업이 꽤 진행된 후에는 반드시 11배의 효과가 나타난다.

네트워크마케팅에서 성공한 한 사람은 다음의 얘기를 파트너들에게 들려주곤 한다.

부부는 항상 함께 움직여야 합니다. 사업자가 아내를 움직이려면 아내를 사랑하고 칭찬하십시오. 사랑과 칭찬만이 아내를 움직이는 유일한 힘입니다.

미련한 사장님은 배우자를 비판하고 채찍질합니다. 그러나 절대적으로 이런 방법으로는 배우자를 움직이지 못합니다. 사랑하고 칭찬해야만 합니다. 사업이 어렵더라도 아내를 사랑하고 남편을 사랑하면 행복이 있지 않습니까? 사실, 그것만으로도 네트워크마케팅 사업으로 인한 보상을 받은 것입니다.

매일 3가지씩 또는 3번씩 아내(남편)를 칭찬하십시오. 없는 칭찬이 아니라 있는 칭찬을 하십시오. 이 세상에 비난 받지 않을 만큼 훌륭한 사람은 없고 칭찬거리가 하나도 없는 사람 역시 없습니다. 찾아보면 칭찬거리는 반드시 있습니다.

그리고 무조건 사랑을 베푸십시오. 배우자에 대한 무조건적인 사랑은 네트워크마케팅 사업의 위대한 성공무기입니다.

아울러 내 명단에 들어 있는 사람이 기혼자라면, 남편과 아내를 모두 초대해 함께 이 사업에 대해 알아볼 수 있도록 하는 것이 좋다. 그렇게 하면 "저의 집사람(남편)에게 먼저 물어봐야 합니다."라는 핑계를 피할 수 있다.

다시 한번 말하지만 부부는 항상 함께 움직여야 한다.

9. '이름 없는' 예상고객

명단에 반드시 이름을 기입해야 하는 것은 아니다. 이름은 잘 모르지만 예를 들어, '옆집에 사는 커트머리 여자', '앞집 슈퍼 아주머니'라고 적어놓을 수도 있다. 이 사업은 특정인만 할 수 있는 사업이 아니다. 즉, 시간적 자유와 정신적 자유 그리고 재정적 자유를 원하는 평범한 사람, 모두가 할 수 있는 훌륭한 사업이다. 따라서 누구든지 본인의 명단에 오를 수 있다.

외국의 한 유명한 네트워커는 차가 고장나 우연히 만난 사람이 뛰어난 파트너가 되었다고 실토한 적이 있다. 하지만 그의 이름을 처음에는 몰랐다고 한다. 단지 '붉은 빛의 고수머리의 30대 초반 남자'가 수첩에 기록한 전부이다.

10. 우선순위를 매기는 법

명단에서 우선순위를 매겨라. 이 때 이용할 수 있는 여러 기준이 있다:

a) 재정 상황을 개선하고 싶어 하는 사람(더욱 부자가 되고자 하는 사람)
b) 이미 폭넓은 네트워크와 영향력을 확보하고 있는 사람
c) 사교적인 사람
d) 이미 경험이 있는 네트워커
e) 매사에 진취적이고 적극적이며 긍정적인 사람

11. 친구를 고객으로 만들기

가장 좋은 친구가 가장 좋은 예상고객은 아니다! 사실, 좋은 친구가 본인의 의욕을 저하시킬 수도 있다. 이런 친구는 진심으로 사업을 만류하지만 이는 사업을 이해하지 못 하고 단지 자신의 친구가 못된 계략에 빠진 것으로 생

각하는 것이다. 이런 친구와 함께 일한다면, 그 누구와도 일할 수 있다.

사람들을 끌어당겨라. 밀쳐내지 말라. 누구에게든 확신을 주려 하지 말라. 사업설명을 하고 나서 친구가 얘기하거나 그들의 걱정거리를 물어보라. 친구가 관심이 없다고 말하면, 그대로 두어라. 그리고 계속 연락을 취하면서 본인의 성공을 알려라. 시상식장에 친구를 초대하라. 수당을 많이 받으면, 친구를 접대하면서 사업을 설명하라. 이렇게 하다보면 친구는 인식을 새롭게 할 것이고 그들이 본인을 찾을 때는 그들을 위한 사업기회의 문이 열려 있음을 알게 될 것이다.

12. 가족을 고객으로 만들기
마찬가지로 가족을 반드시 우선순위에 놓을 필요는 없다.
가족은 당신의 제품을 구매하고 좋은 고객이 될 수 있지만 사업참여 여부에 대해서는 가족 관계와는 아무런 상관이 없다. 가장 중요한 것은 가족이 사업을 거절한다고 화를 내서는 안 된다는 점이다. 친구의 경우와 마찬가지로 대처하라. 가족들에게 항상 상세한 정보를 주면서 그들을 위한 문을 열어두어라.

13. SW 규칙
예상고객 모집의 기본 규칙은 SW. SW. SW. SW 규칙이다. 사업설명차 나갈 때는 "어떤 사람은 이 사업에 참여할 것이고 어떤 사람은 하지 않을 것이다. 그렇다고 무엇이 문제인가?(Some Will do it, Some Won't. So What?)" 규칙을 명심하라. 이런 마음가짐은 거절의 늪에서 빠져나올 수 있는 갑옷이 되어 줄 것이다.

14. 친분이 없는 예상고객

친분이 없는 예상고객의 명단을 작성하기 전에 친분이 있는 고객의 명단을 작성하라. 그러나 항상 낯선 사람에게 사업설명을 할 준비가 되어 있어야 한다. 대부분의 경우, 처음 사람을 만나 긴장하지 않으려면, 먼저 상대방에게 미소를 보내면 된다. 일단 미소를 짓고나서(미소를 반드시 지어야 한다! 미소는 세계공통어이며 마음의 문을 열어주는 가장 큰 무기이다) 자신을 소개한 다음, 상대방에게 질문하라. 어떤 질문을 해야 할지 모르는가?

그렇다면 상대방이 본인에게 물어주기를 바라는 질문을 하라. 예를 들어, "직업이 무엇입니까?" 상대방의 대답을 들을 때는 중심 화제를 찾아라. 곧이어 상대방이 본인에게 비슷한 질문을 할 텐데, 이는 상대방이 자신도 모르게 본인에게 사업기회를 설명할 기회를 제공하는 셈이 된다. 이때 네트워커가 할 수 있는 최고의 답변은 다음과 같다고 생각한다.:

"저는 다른 사람이 처음으로 100만 달러를 벌 수 있도록 도와주는 일을 하고 있습니다." 이런 얘기를 들었을 때, 본인이 상대방 입장이더라도, 더 알고 싶은 생각이 들지 않겠는가? 나름대로 다른 사람에게 본인의 사업에 대해 얘기해 줄 수 있는 특별한 방법을 고안하라. 그래서 다른 사람들이 본인의 사업에 대하여 더 자세히 알고 싶어 '죽을' 지경이 되어야 한다.

15. 친분이 있는 예상고객 명단을 작성한 후

친분이 있는 예상고객의 명단을 작성하고 나서 무엇을 할 것인가? 알고 있는 사람들이 모두 명단에 올라 있는지 확인해보는 작업이 필요하다. 어떤 사람들은 차라리 새로운 사람을 찾겠다고 생각하는데 그 이유는 자신이 알고 있는 사람들은 이 사업을 하지 않을 것이라고 미리 단정하기 때문이다. 이는 아직도 자신의 사업이나 제품에 대한 확신이 없기 때문이다. 따라서 차라리 '위험도'가 적은 사람들, 예를 들어 모르는 사람들과 일을 하면 나중에 성공하지 못 해도 큰 문제가 안 되기 때문이다.

16. 저렴한 홍보

포스터나 전단을 슈퍼마켓, 공공장소, 식당 등 어디든지 붙여놓아라. 사업에 대해 설명할 기회가 있으면, 홍보용 브로셔를 어디든 갖고 다녀라.

17. 콜드 컨택은 어떻게 하는가?

콜드 컨택은 쉽지 않다. 어느 네트워커는 다음의 방법으로 효과를 꽤 봤다고 한다.

전봇대나 길거리 벽에서 작은 과외 전단이나 하숙 전단을 많이 보셨을 겁니다. 그리고 대개는 그 아래에 전화번호를 적어놓고 떼어가도록 해 놨습니다.

이렇듯 A4 용지 정도에 [괜찮은 부업]이라고 적어놓고 그 아래에는 전화번호를 떼어갈 수 있도록 적어놓는 겁니다. 그리고 이 전단지를 자기집에서 가까운 곳에 많이 붙여놓는 겁니다. 그런 다음, 연락이 오면 자신의 집이나 센터로 찾아오게 하고 찾아오는 사람에게는 아무 말 말고 자료를 주는 겁니다(비디오나 책 등). 찾아오지 않는 사람은 적극성이 결여된 사람이므로 전혀 신경을 쓸 필요가 없습니다.

자료를 줄 때, 상위스폰서들의 실적표를 몇 장 복사해 주는 것도 괜찮겠죠.

이 때 반드시 연락처와 주소를 적고 자료반환을 요구합니다.

이런 분은 사업을 곧바로 시작하지 않더라도 적어도 돈이 필요하며 돈을 벌려는 의지가 있는 사람이므로 모르는 사람을 찾아올 만큼 절실하고 적극적이기 때문에 지속적으로 관리하면, 반드시 훌륭한 사업자가 나올 것입니다.

다만, 콜드 컨택보다는 준 콜드 컨택(약간 알거나 관계

있는 사람과의 접촉)이, 준 콜드 컨택보다는 웜 컨택이 훨씬 낫고 효율적이라는 것은 아셔야 합니다. 그리고 콜드 컨택의 성공율은 무조건 많이 만나야 높아집니다. 마크 야넬의 경우, 하루 30명을 만나라고 합니다. 이런 정도는 아니더라도 하루 5명 이상은 만나야겠죠. 평균 30명 이상 만나야 한 명 정도의 사업자가 나올 수 있습니다.

콜드 컨택은 무엇보다 '말' 이 중요하다. 낯선 사람과 전화로 약속을 정하려면, 전화상으로 제품이나 사업 기회 얘기는 하지 말라. 반드시 기억하라. 약속을 정하는 것이 중요하다. 만약 그 낯선 사람이 사업에 대해 계속 물어온다면, 전화상으로 얘기하기가 너무 길거나 어렵다고 말하라. 또한 얘기를 하려면, 30분에서 1시간 정도는 걸린다는 점을 강조하라.

성공 포인트: 본인의 제품이나 사업이 뛰어나다는 것을 믿고 전화를 받은 상대방은 누구라도 원할 것이라는 자신감을 가져라.

18. 참석을 권유하라

예상고객이 본사를 방문하거나 컨벤션에 참석했다면, 십중팔구 사업에 참여할 것이다. 예상고객은 회사가 실속 있고 건실하다는 것을 발견하면, 큰 감명을 받게 된다.

우리는 선배사업자로부터 세미나, 컨벤션은 억지로라도

데려오라는 말을 많이 듣는다. 그러면 비전을 볼 수 있고 훌륭한 사업자가 될 수 있다는 것이다. 물론 거기에는 주의할 점이 따른다. 절대 참가비나 회비를 대신 내주지 말라는 것이다. 하지만 사업에는 순발력이 필요하다. 그것에 너무 얽매일 필요가 없다는 말이다. 순발력있게 필요할 때는 세미나비, 컨벤션비도 내주면서 초대해야 할 경우도 있다. 현재 그가 몇 달째 네트워크마케팅 사업에 대해 거부감을 갖고 있는 경우라면 말이다.

사람은 언제 어디서 비전을 볼지 아무도 모른다. 그것이 세미나가 될 수도 있고 홈 미팅이 될 수도 있다. 그러므로 우리는 최대한 그에게 정보와 기회를 제공해야 한다. 가능성은 모든 사람에게 존재한다.

19. 까다롭게 예상고객 모집하기

시작할 때, 본인은 누구나 그리고 아무나 모집하지 않는다는 점을 예상고객에게 설명하라. 본인은 최고이면서 매우 헌신적인 다운라인을 원한다. 그렇다면 예상고객에게 본인의 디스트리뷰터가 되어야 하는 이유를 설명하라. 이렇게 하다 보면 많은 후보를 놓칠 수도 있지만 등록한 디스트리뷰터는 영원히 지속될 것이다.

20. 거리에서 예상고객 모집하기

어느 날 늦은 저녁, 한 네트워커의 차가 고장이 났다. 그러자 택시운전사가 차를 멈추고 그 네트워커의 차 수리를 도와주었다. 그 네트워커는 택시운전사에게 시간을 이용해 돈 버는 방법을 설명하면서 그를 사업에 참여시킬 수 있었다.

21. 리더를 찾아라

네트워크마케팅 사업은 다른 사업에 비해 유달리 리더의 자질을 필요로 한다. 사람과 사람을 엮어 소비자 네트워크를 구성하는 것이 이 사업의 본질이기 때문이다.

그렇다면 그런 리더가 어디에 있는가?

리더는 만들어질 수 있다. 평범한 가정주부도, 리더 자질이 없는 사람도 꾸준히 시스템 내에서 교육과 훈련을 받으면, 리더가 되는 것이다.

또한 준비된 리더를 찾을 수 있다. 네트워크마케팅 사업을 하기 전에 이미 다른 분야에서 리더 역할을 하고 있는 이들이 있다. 이들이 네트워크마케팅 사업을 하게 되면, 더 쉽게 리더가 되고 이런 리더를 통해 사업성장이 가능하다.

이런 리더를 찾으려면 먼저 사람을 폭넓게 만나봐야 한다. 많은 사람이 성공을 위한 강렬한 열망을 갖고 있지 않고 성공에 대한 대가를 치르려 하지 않고, 아니 아예 성공하려 들지도 않는다. 그러나 이런 중에서도 성공에 대한 열망이 있고 리더의 자질을 갖춘 이들이 있기 마련이다. 그러나 이런 사람은 그 비율이 매우 적으므로 많은 사람을 만나봐야 한다.

어떤 사람은 깊게 만나야 한다. 내가 보기에 리더 자질이 충분한데도 네트워크마케팅 사업을 거부하는 이들이 있다. 하지만 결국 이들도 네트워크마케팅 사업이 필요할 때가 있다.

그러므로 이런 사람들은 반복하여 만나야 한다. 만나고 또 만나야 한다. 물론 귀찮게 하라는 뜻은 아니다. 그러다 보면 어느 때 갑자기 네트워크마케팅 사업을 받아들이게 되고 이들은 사업성장도 무척 빠르다.

이렇게 볼 때, 결국 많은 사람들을 만나 사업을 전달하는 넓은 컨택 방법과 리더의 자질과 사업수완이 있는 소수를 반복적으로 만나는 깊은 컨택 방법이 동시에 필요하다.

V. 사업설명 및 예상고객 후원 성공전략

1. 홈 파티로 시작하라

홈 파티는 한 마디로 스폰서와 유망고객을 집으로 초대하여 제품 위주로 소개하는 것을 말한다. 홈 파티는 신규회원 확보의 강력한 수단이다. 이것을 잘 활용해 성공한 사업자들의 말에 따르면, "홈 파티를 통해 네트워크마케팅의 첫 단계를 돌파하는 것은 그리 어려운 일이 아니다"라고 한다. 이제 홈 파티를 적극 활용해 보자. 홈 파티의 목표나 진행 요령 등을 살펴보자.

홈 미팅은 사업소개(O.M), 사업 전개방법(S.M.P), 제품소개 등의 광범위한 목표를 가지지만 홈 파티는 두세 가지 제품소개에 역점을 둔다. 소수에게 사업의 큰 비전을 역설해본들 허망한 꿈일 뿐이다. 반면, 실생활에 쓰이는 좋은 제품에 대한 진실된 소개는 피부에 와 닿는 내용이 될 수 있다.

따라서 홈 파티의 첫 번째 목표는 제품소개, 두 번째 목표는 회원확보이다. 사업개념이나 비전 제시는 간단히 할수록 좋다.

홈 파티는 5~6인 내외의 소규모이므로 참석자의 특성이나 요구사항을 미리 참작해 거기에 맞추어 준비할 수 있다. 따라서 홈 파티의 이런 특징을 잘 활용하는 것이 성공의 관건이 된다.

위의 목표와 특성 등을 고려한 준비사항은 다음과 같다.

첫 번째, 홈 파티 참석 대상자(제품 전달 및 회원가입 희망자)를 2~3명 선정하여 각자의 상황을 잘 파악해야 한다. 이는 어떤 제품을 어떻게 소개할 것인지 등을 결정하기 위한 것이다. 따라서 참석자들에 대한 성별, 연령, 가족, 생활수준, 지식 수준, 관심 분야, 여유시간 등을 면밀히 파악해야 한다.

두 번째, 참석 대상자에 대해 스폰서와 상의한다.
스폰서에게 자신의 의도와 참석 대상자의 특성을 자세히 설명해주는 것이 요령이다. 스폰서가 아무리 경험이 많아도 상황 파악을 잘못한 상태에서는 제대로 설득력을 발휘하기가 어렵기 때문이다. 홈 파티는 스폰서의 실력을 테스트하는 장소가 아니라 자신의 회원발굴을 위한 것임을 염두에 둔다.

세 번째, 참석 대상자별로 접촉해 스폰서 소개를 미리 해둔다.
이 때 스폰서의 장점(EQ, IQ, 지식과 사회경험, 성공담)을 부각시켜 참석 대상자가 호기심을 갖도록 한다. 그렇다고 과대포장을 하면, 실망할 수 있으므로 특성이 잘 살아나도록 소개하는 것이 요령이다. 평소 스폰서에 대해 잘 알아두면, 장점 몇 가지를 소개하는 것은 그리 어려운 일이 아니다. 또한 참석 대상자에게 홈 파티의 성격을 말해주면서 그 반응이나 관심사를 잘 듣고 그것을 스폰서에게 전달해주면 된다.

네 번째, 참석 대상자와 스폰서의 시간여유를 고려해 홈 파티 일정을 정한다.

이런 준비과정이 끝났으면, 본격적인 홈 파티를 시작한다. 홈 파티를 할 때는 다음과 같은 점을 염두에 두어야 한다.

첫째, 홈 파티 장소 주위가 산만하지 않도록 해야 한다. 아이나 애완동물은 미리 이웃이나 친지에게 맡기는 것이 좋다.

둘째, 다과는 홈 파티 후에 내놓는다. 처음에 내놓을 경우, 홈 파티의 목적이 처음부터 흐려질 수 있기 때문이며 홈 파티가 끝난 후, 바쁜 분은 돌아가고 여유 있는 분은 차나 한 잔 들고 가시라고 안내하는 것이 좋다.

셋째, 한 참석자의 질문이 길어지거나 많아지면, "매우 중요한 질문이지만 우선 여러 사람의 일정을 지켜주어야 하므로 끝난 후, 개별적으로 답변 드리겠습니다."라고 넘어가며 질문을 길게 하는 사람은 대개는 논쟁을 좋아하는 타입이며 논쟁의 유혹에 빠지면, 효과는 줄게 된다.

2. 시각화(視覺化)하라

다운라인을 도와 본인의 제품을 사용하면 행복해질 수 있다는 점을 시각화하라. 뛰어난 자동차 영업사원은 고객이 시험주행을 하기 위해 차에 오르면 이렇게 말한다. "잠깐만요! 이 차와 너무 잘 어울리십니다! 보실래요?" 그리고는 거울을 비춰준다. 고객은 스스로 부유하고 행복하면서 동시에 새 차의 주인으로 생각하게 된다. 다운라인이 본인의 제품 예를 들어, 살 빼는 제품을 사용한다면, 다운라인이 얼마나 멋지고 건강해 보이는지 볼 수 있도록 도와주어라.

3. 욕구를 자극하라

욕구를 자극하라. 성공한 디스트리뷰터는 여러 가지 방법으로 욕구를 자극한다. 한 가지 방법은 멋진 그림을 그리는 것이다. 그러면 사람들은 보고, 맛을 보고, 냄새를 맡고 또는 제품을 소유한 경험을 하게 된다. 또 다른 방법은 사람들로 하여금 상실감을 느끼도록 하는 것이다. 즉, 상대방이 아직 네트워크마케팅의 전망이나 현재의 열풍이나 활황(活況)을 모르고 주위 친구나 친척 상당수가 참여한 것을 알게 하면, 깨닫는 바가 클 것이다.

예를 들어, "요즘 모두가 추가 수입원을 찾고 있습니다.

○○학교 동창인 ○○○도 이미 이 사업에 참여해 큰 성공을 거두고 있습니다."라든가 "이번이 마지막 기회입니다."라고 말함으로써 혼자 남겨지길 싫어하는 욕구를 자극하는 것이다.

4. 제품의 특징이 아닌 혜택을 설명하라

관심을 끌려면 고객의 욕구에 맞는 제품의 혜택을 강조해야 한다. 제품의 작용이 아닌 특징을 통해 얻는 이점(利點)을 설명해야 한다. 제품의 기능보다는 제품을 사용함으로써 얻을 수 있는 혜택을 강조하라.

예를 들어, 다이어트 제품을 판매한다면, 예상고객에게 제품의 이점을 다음과 같이 말할 수 있다. "1주일에 2~5kg까지 체중을 줄일 수 있습니다. 또한 필수영양소를 모두 받을 수 있습니다. 본 성분에는 의사가 추천하는 필수 아미노산, 비타민, 미네랄이 모두 들어 있습니다."

"이 제품은 ○○성분이 있어서 ○○기능이 있고 ○○작용을 합니다."라고 말하지 말라. 예를 들어, "본 제품에는 8가지 아미노산과 15가지의 비타민, 20가지의 미네랄이 함유되어 있음이 실험을 통해 증명되었습니다."라고 말해서는 안 된다는 것이다.

5. 첫인상을 좋게 하라

제품을 판매하는 것은 자신을 판매하는 것이다. 본인의

첫인상으로 일이 시작된다.

미국의 한 연구기관 조사에 의하면, 사람의 첫인상 판단에 소요되는 시간은 불과 7~8초라고 한다. 첫인상이 좋아야 비즈니스가 잘 풀린다. 그리고 첫인상을 계속 유지하라.

예를 들어, 전문가다운 인상은 처음 만난 사람에게 신뢰감을 준다. 성공한 사람의 모습으로 보이면, 예상고객은 상대방이 무슨 일을 하든 성공했기 때문에 잘할 것으로 생각한다. 따라서 '성공한 인상'을 주려면 옷을 멋지고 깔끔하게 입어야 하며 구두는 윤기가 나게 닦아야 한다. 또한 전문가다운 느낌을 줄 수 있도록 판매 자료를 가죽 바인더나 케이스에 넣어 다닌다. 또한 전문가로서 성공한 이미지를 주변 환경을 이용해 강화시켜라. 예를 들면, 회의장소는 멋지게 꾸민 곳을 택해 성공이미지를 전달한다(초라한 커피숍은 금물). 회의장소에 차를 몰고 갈 때도 차를 통해 좋은 인상을 줄 수 있다.

6. 자신만의 프리젠테이션(presentation)을 만들라

판에 박힌 상담으로 사전에 계획되거나 원고를 읽고 있다는 느낌을 주어서는 안 된다. 이런 얘기는 거짓으로 들리고 사람들을 굉장히 지겹게 만든다. 대신, 마음에서 우러난 얘기를 하라. 제품이 어떻게 본인에게 도움이 되었으며 다른 사람에게도 어떤 혜택을 줄 수 있는가를 설명하라.

예상고객에게 먼저 자신을 팔아라. 사람들이 본인의 제품이나 사업 기회에 대해 긍정적인 반응을 보이게 하려면 우선 본인에 대해 좋은 인상을 갖는 것이 중요하다.

본인의 실례(實例)를 얘기하라. 자신이 어떻게 혜택을 받았으며 어떻게 성공했는지 얘기하는 것이 다른 사람들을 설득할 수 있는 좋은 방법이다. 한 가지 방법은 제품을 사용함으로써 자신이 어떻게 변화되었고 다른 사람들을 자신의 판매 팀에 얼마나 훌륭히 참여시켰는가를 얘기하는 것이다. 본인의 변화된 모습으로 입증하라. 예를 들어, 체중이 15kg이 줄었거나 새 차를 구입했다면, 사람들은 당신의 성공을 믿을 것이다. 그리고 그 방법을 묻기 시작할 것이다. 본인의 모습이 본인의 말보다 설득력이 있다.

7. 사냥하지 말고 미끼를 던져라

아래의 가이드라인에 따라 예상고객을 모임에 초대하면, 성공 가능성을 높일 수 있다.

며칠 전에 예상고객과 약속을 했다면, 전화를 걸어 본인이 모임에 갈 것이라는 확인을 한다. 그리하여 상대방도 앞서 약속한 대로 모임에 참석할 가능성을 높일 수 있다. 가능하다면 예상고객을 자동차르 모임장소까지 안내하라. 이런 방법이 예상고객을 모임에 참여시키는 데 편리하다. 그렇지 않으면 모임장소에서 만나자고 약속해 놓고 정작 나오지 않을 수도 있다.

모임장소에는 10~15분가량 일찍 도착하라. 그래야만 좋은 자리를 잡을 수 있고 예상고객을 다른 사람들에게 소개시킬 수도 있다. 이리하여 나중에 설명되는 얘기에 열정을 가지고 들을 수 있다. 모임이 끝나고 예상고객에게 줄 수 있도록 회원가입 신청서와 자료집을 준비해 두도록 하라. 그리고 모임이 끝나고 예상고객을 등록시켜라. 만약 예상고객이 생각할 시간을 필요로 한다면, 하루나 이틀 후에 바로 연락을 취하라.

8. 교육

교육자가 되어라. 큰 사업은 제품을 판매하거나 회사를 소개하는 개념보다는 남을 교육한다는 개념 위에 세워진다. 네트워크마케팅 뒤에 숨어 있는 개념들, 시간 활용, 수입원의 다각화, 수입의 극대화 등의 개념에 대해 예상고객을 교육해야 한다. 거대한 네트워크를 조직하려면 제품의 판매를 위해 소비자가 아닌 사업적 개념을 판매하는 사업가를 모집해야 한다.

VI. 거절처리 성공전략

1. 물결은 계속 흐른다

예상고객이 오늘 거절했다고 해서 평생 거절할 것으로 생각하지 말라. 이것은 모두 타이밍에 달려 있다. 예상고객이 거절한다면, 이것은 "'지금'은 적기(適期)가 아닙니다."라고 말하는 것이다. 이 때는 가능성의 문을 열어두는 것이 중요하다. 화가 나서 영원히 문을 닫아버려서는 안된다. 대신, 다음과 같이 말하라.

"시간을 내어 주셔서 감사합니다. 그러나 저는 여전히 선생님을 이 사업에 모시고 싶습니다. 좀더 알고 싶으신 사항이 있으면, 전화를 주시겠습니까?"

예상고객의 약속을 받아내라. 그리고 그 동안에도 정기적으로 100일마다 전화하라. 그러면 네트워크마케팅에 대한 사람들의 관심이 시간이 흘러감에 따라 "절대로 없습니다."에서 "아, 말씀하셨던 것 기억합니다."로 바뀌는 것을 보게 될 것이다. 중요한 것은 상대방이 본인에게 전화를 쉽게 걸 수 있는 분위기를 만들어 장애물이 될 수 있는 그의 자존심을 다치지 않도록 하는 것이다.

2. 침묵은 금(金)이다

절대로 신규 디스트리뷰터가 제대로 교육도 받지 않은 상태에서 고객 모집을 위해 전화를 하게 내버려둬서는 안

된다. 이들 신규 디스트리뷰터가 몇 번 거절당하고 나면 디스트리뷰터의 자존심과 믿음은 모조리 망가지고 만다.

최악의 거절은 자신의 배우자의 거절이다. 외국의 뛰어난 네트워커는 이것을 '거절 로켓'이라 부른다. 이는 초보사업자가 자기 남편이나 부인, 부모나 자녀 그리고 가까운 친구에게 강한 거절을 당하면, 마치 날아가는 비행기가 로켓을 맞아 추락하는 것과 같은 느낌이 드는 데서 생긴 말이다.

따라서 최상의 방법은 신규 디스트리뷰터가 최소한의 적절한 교육을 받고 무장이 제대로 되기 전까지는 아무에게도 사업 얘기를 못 하도록 하는 것이다.

3. 거절은 필요하다!

거절을 통해 예상고객이 우려하는 점을 알 수 있다. 상대방이 "사업 기회가 내게 맞지 않습니다."라고만 말하고 다른 이유를 말하지 않는 경우는 더욱 좋지 않은 상황이다. 그렇게 되면 거절을 처리할 방법이 없게 되며 결국 거절 이유를 알아내기 위해 계속 노력하는 수밖에 없다.

거절의 이유가 될 만한 것을 예상고객에게 제시해보라. "어떤 사람들은 이 사업이 피라미드 사업이 아닐까 우려하는데 선생님 생각도 그렇습니까?" 만약 그렇다면, 본 사업과 피라미드 사업의 차이점을 말씀해 드리죠." 또 다

른 방법은 상대방에게 본 사업의 전망을 어떻게 생각하는
지 물어보고 잘못 생각하는 부분을 시정해 주는 것이다.
"제가 이 사업을 소개했을 때, 어떤 생각이 드셨습니까?
처음 제가 네트워크마케팅 얘기를 들었을 때는 집집마다
샴푸 따위나 팔러 다니는 것으로 생각했습니다. 그래서
저는 그 즉시 내가 원하는 일이 아니라고 생각했죠. 선생
님도 이런 경우이십니까?"

여기서 중요한 것은 상대방을 편안히 해 주어 우려하는
바를 본인에게 말하도록 만드는 것이다.

4. 유형별 거절 대처법

(1) 거절: "돈이 없어요."
■ 가능한 답변 : "돈이 없기 때문에 이 사업을 생각하
실 수가 있는 겁니다. 다른 사업에는 많은 자본이 필요합
니다. 그러나 네트워크마케팅은 자본금이 필요 없습니다.
이 사업을 시작하는 데는 어느 정도만 있으면 됩니다. 나
머지는 성공하고자 하는 열정과 사업에 시간을 투자하겠
다는 의지뿐입니다."

(2) 거절 : "나는 물건을 팔 줄 모릅니다."
■ 가능한 답변 : "저도 처음에는 네트워크마케팅 얘기
를 들었을 때, 집집마다 찾아다니며 샴푸 따위나 파는 일
로 생각했습니다. 적어도 과거에는 말이죠. 하지만 선생

님께서 생각하시는 그런 판매는 아닙니다. 우리가 하는 일은 개인적으로 사용하고 좋아하는 제품의 정보를 알려 주는 것입니다."

■ 또는 : "저도 물건을 팔 줄 모릅니다. 대신, 비디오 와 오디오카세트가 우리 대신 제품 설명을 해주고 구매를 독려합니다."

■ 또는 : "이렇게 묻고 싶습니다. 만약 좋은 영화를 보면, 친구에게 얘기해 주십니까? 마음에 드는 제품을 우연히 발견해도 똑같이 하시겠습니까? 우리가 좋아하는 제품을 얘기해 주는 것도 마찬가지입니다. 이렇게 본다면 이것은 판매가 아니라 입에서 입을 통한 광고입니다."

(3) 거절 : "시간이 없어요."

■ 가능한 답변 : "선생님의 생각에 이해가 갑니다. 저도 시간이 없다고 생각했었습니다. 그러나 중요한 일이라면 없는 시간도 만들어 낼 수 있다는 것을 깨달았습니다. 보통사람은 마음만 먹으면 하루 1~2시간씩만 할애할 수 있습니다. 선생님과 같은 분들에게 수없이 얘기하는 동안 대부분의 경우, 추가 수입원을 찾기 위해서는 시간이 필요하다는 것을 알았습니다."

■ 또는 : "흥미로운 사실은 선생님과 같은 많은 분들이 대부분의 시간을 직장에서 보내면서 한편으로는 자신만의 일을 갖고 싶어한다는 겁니다. 그러나 대부분은 아무것도 못 해보고 끝나고 맙니다. 따라서 저는 시간이 없다는 말을 들으면, 회사 사장을 위해 일하느라 자신을 위한

시간이 없다는 말로 생각합니다."

(4) 거절 : "아내에게 물어보겠습니다."
■ 가능한 답변 : "선생님의 사모님과 얘기를 해보고 싶습니다. 언제가 좋을까요? 그런데 선생님은 왜 사모님께서 이 사업에 흥미가 있을 것이라고 생각하십니까?"
■ 또는 : "그렇게 하십시오. 그러나 한 가지 알려 드릴 것은 많은 부부들이 함께 이 사업을 하면서 즐거움과 성취감을 느끼고 있다는 사실입니다. 따라서 좀더 자세히 말씀드리자면…"

(5) 거절 : "남편에게 물어 보겠습니다."
■ 가능한 답변 : "그렇게 하십시오. 그리고 저도 사모님의 부군을 만나뵙고 사모님께서 답변을 잘못하시는 부분에 대해 말씀드리면 어떨까 생각합니다만, 언제가 좋겠습니까?"

(6) 거절 : "그거 피라미드 아닙니까?"
■ 가능한 답변 : "피라미드는 다음의 두 가지 면에서 구별됩니다.
첫째, 피라미드는 가치없는 제품이나 서비스를 판매한다는 것입니다.
둘째, 피라미드는 막대한 금액을 선불로 요구한다는 것입니다. 제가 말씀드리는 이 회사는 합법적이면서 방금 말씀드린 방식으로 사업을 하지 않습니다."

(7) 거절 : "다른 사람을 모집하는 일이 어렵습니다."

■ 가능한 답변 : "걱정하시는 것을 이해합니다. 저도 처음 이 사업을 할 때는 사람을 많이 모아야 하는 것이 부담스러웠습니다. 그러나 2배의 효과를 알게 되었습니다. 한 달에 한 명을 모집하는 것이 어렵습니까? 만약 한 명을 모집하고 선생님이 모집한 사람들이 다시 모집을 한다면, 그 해 말에는 모두 몇 명을 모집할 수 있겠습니까?"

■ 또는 : "만약 이 사업을 회원모집으로 생각하신다면, 부담스러울 수 있습니다. 하지만 이 사업은 좋아하는 제품의 유용한 정보를 알려주고 사업 기회를 전달해 부수입을 얻을 수 있도록 도와주는 것으로 생각하신다면, 부담되실 것이 없습니다."

(8) 거절 : "관심이 없습니다."

■ 가능한 답변 : "솔직히 말씀해 주셔서 감사합니다. 대부분의 경우, 여가시간을 활용해 부수입을 올리는 것에 관심이 있지만 어떤 사람들은 몇 가지를 우려해 이 사업에 관심을 갖지 않기도 합니다. 선생님의 생각을 알고 싶습니다. 구체적으로 우려하고 계신 것이 무엇입니까?"

(9) 거절 : "시장이 이미 포화상태 아닙니까?"

■ 가능한 답변 : "절대 그렇지 않습니다. 이 사업은 포화상태와는 거리가 멉니다. 예를 들어, 시장이 샴푸 등을 파는 소매점으로 포화상태라고 생각하실 수도 있겠지만 여전히 새로운 소매업자가 문을 열고 새로운 상표의 샴푸

가 계속 선보이고 있습니다."

■ 또는 : "절대 그렇지 않습니다. 아시는 친구 분 중에서 실제로 네트워크마케팅 사업을 하고 계신 분이 얼마나 됩니까?"

(10) 거절 : "지금보다 더 열심히 일하고 싶지 않습니다."

■ 가능한 답변 : "저는 개인적으로 사람들이 너무 무리하게 열심히 일해야 한다고 생각하지 않습니다. 오히려 현명하게 일해야 한다고 생각합니다. 그래서 이 사업을 선생님께 소개하는 것입니다."

■ 또는 : "그것 때문에 저는 이 사업에 참여했습니다. 저는 네트워크마케팅을 통해 저의 자투리 시간을 활용해 부(富)를 창출하면서도 열심히 일할 필요도 없다는 것을 알게 되었습니다. 제가 그 방법을 알려드리죠."

(11) 거절 : "전에도 해 봤지만 제게는 맞지 않습니다."

■ 가능한 답변 : "유감이군요. 그렇다면 선생님의 경험을 통해 배우고 싶은 것이 있습니다. 무엇이 잘못되었습니까? (상대방이 자신의 얘기를 하도록 유도한다)

말씀해 주셔서 감사합니다. 선생님이 걱정하고 계신 부분이 무엇인지 일깨워 주셨습니다. 그렇다면 왜 이 사업에서는 일어나지 않을 것인지 설명해 드리겠습니다.…"

■ 또는 : "제가 질문을 하면 솔직한 답변을 해 주시겠습니까? 만약 선생님께서 다리를 건조하는 엔지니어인데

선생님이 지은 첫 번째 다리가 붕괴되었다고 가정해보죠.
그렇다면 선생님께서는 이 일이 자신과 맞지 않으니까 다
시는 다리를 짓지 않겠다고 말씀하시겠습니까? 무엇이
잘못되었는지 알아보고 다시 실수하지 않도록 하지 않겠
습니까?"

5. 4가지의 정신적 장애물

유명한 네트워커인 마크 야넬은 예상고객을 모집하면서
만날 수 있는 부정적인 요소를 다음과 같이 지적하고 있다.

1. 본인이 연락을 취한 200명 중 80명은 본인과 만나
   려 하지 않을 것이다(거절).
2. 만나겠다고 대답한 120명 중 오직 70명만이 나타날
   것이다(기만).
3. 나타난 사람 중 13명만이 디스트리뷰터가 될 것이
   다.
4. 57명은 아예 관심이 없거나 그냥 가 버리고 말 것이
   다(무관심).
5. 사업에 참여한 13명 중 오직 한 명만이 남아 돈을 벌
   게 되고 나머지 12명은 시간이 지나면서 중도하차할
   것이다(감소).

이 사업에서 성공하려면 바로 이 4가지 정신적 장애물
인 거절, 기만, 무관심, 감소 등에 대비해야 한다.

6. 거절은 별게 아니다

어떤 사람들은 거절을 너무 두려워하는데 이들은 결국 너무 많은 거절을 당하고 나서 주저앉고 만다. 이것은 자신의 머리 속에 담겨 있는 것들이 바디 랭귀지를 통해 현실로 나타나기 때문이다. 자신감이 없으면 예상고객 입장에서는 더 많은 의심을 하는 결과만 초래할 수 있다.

앞에서 얘기한 것처럼 거절을 당하는 것은 좋은 일이다. 거절을 당함으로써 문제 해결법을 배워야 한다. 거절을 당했다고 마치 세상이 끝난 것처럼 생각할 필요는 없다. 기회는 계속 있기 마련이다. 물론 만남의 기회는 소중하고 아는 사람 한 사람 한 사람이 모두 중요하지만 거절당했다고 너무 실망하지 말고 끝까지 노력해야 한다.

다시 말해, 거절당하는 것은 별거 아니다. 상대방에게 거절당하고 나면 마음의 상처를 입기 쉬우며 열정이 감소하고 좌절감, 무기력감, 패배의식 등이 생기므로 거절에 대한 대책이 필요하다.

거절은 곧 찬스로 연결된다. 역설적으로 생각해보라. 거절의 원인이 밝혀졌으니 그 원인만 해결하면 오히려 더 쉽게 정보 전달이 될 것이다. 포기하지 말고 끝까지 최선을 다하라. 결정적인 찬스를 포착하라. 상대방이 응할 지 여부를 망설이거나 심각하게 고민하면, 과감히 한 번 더 권유해 보라. 한 번 더 권유하는가 여부는 상대방과의 기

(氣) 싸움이며 결정에 큰 영향을 미친다.

나의 신념과 지식을 제대로 정확하게 전하라. 상대방은 네트워크마케팅에 대해 거의 모르고 있다. 그러므로 그들은 망설인다. 상대방이 제대로 이해할 때까지 차근차근 설명해줘야 하며 상대방이 제대로 이해하지 못한 상태에서 거절했다면, 다음에는 더 힘들게 된다.

공사(公私)를 구분하라. 아무리 친해도 상대방을 만나는 것은 공적(公的)인 일이다. 상대방 입장에서 보면 정보전달을 거부할 수도 있다. 그는 여러분을 거부한 것이 아니라 정보를 거부한 것이다. 이럴 수 있느냐고 흥분하거나 실망하는 태도는 결코 사업자의 자세가 아니다. 우선 내 자신에게 무엇이 잘못되었는지 곰곰이 분석해 보라.

거절당한 경험을 소중한 재산으로 여겨라. 사람들을 만나는 대로 모두 좋은 결과를 얻는다면, 이미 이 사업은 정보의 가치가 없는 사업이다. 뜻대로 잘 안 되어도 실망하거나 좌절하지 말고 하나씩 배우며 경험을 쌓아 큰 리더가 되겠다는 자세를 견지하라.

Ⅶ. 자기계발 및 교육 성공전략

1. 디스트리뷰터를 분류하라

거대한 네트워크를 성공적으로 구축하려면 디스트리뷰터의 분류가 급선무이다. 본인의 성공은 각기 다른 디스트리뷰터에 맞추어 그에 합당한 시간을 할애할 수 있는 능력에 달려 있다. 많은 네트워커들이 사업 잠재력이 있다는 환상을 심어주는 디스트리뷰터에게 시간을 모두 소진해 버린다. 그러나 이런 디스트리뷰터들이 실제로 사업에 참여하지는 않는다. 어쩌면 모임에 참가하겠다고 하고서 나타나지 않는 디스트리뷰터를 기다리느라 본인의 시간만 낭비하는 결과를 가져올 수 있다.

(1) 유형 1 : A형

이 부류에 속하는 사람들은 사업을 하려는 의도를 가지고 등록하고 실제로 실천에 옮긴다. 이 그룹에 속한 사람들이 가장 바람직하며 이들에게는 본인의 시간과 관심을 기울여야 한다. 즉, 이들이 빨리 정상궤도에 진입해 가능한 빠른 시일 내에 성과를 맺음으로써 지속적으로 동기를 부여받을 수 있도록 도와줘야 한다.

(2) 유형 2 : B형

이 부류의 사람들은 사업을 하려는 의도로 등록은 하지만 정작 실천에 옮기지는 못 하는 사람들이다. 이들 때문에 가장 많은 시간을 낭비하게 되는데 그 이유는 이들이

A형의 태도를 취하기 때문에 이들이 사업을 시작하도록 노력하는 데 많은 시간이 허비되기 때문이다. 이런 유형의 사람들이 처음에는 본 사업에 큰 관심을 보이면서도 사업에 참가하지 못 하는 데는 여러 가지 이유가 있다. 그 중 가장 큰 이유는 믿음이 확고하지 못해 사업이나 제품을 여전히 의심하거나 신뢰를 받지 못 할까봐 두려워한다. 따라서 이 그룹의 사람들을 가려내어 A그룹으로 보내거나 C그룹으로 분류해야 한다.

(3) 유형 3 : C형

이 그룹의 사람들은 등록을 해 도매가로 제품을 구입한다. 이들은 소비자로 본인의 조직에서 매우 중요한 사람들이다. 제품에 만족을 느낀 소비자가 결국 사업에 참여하므로 이들과 계속 연락을 취하면서 모든 사업모임의 일정을 알려줘야 한다. 그러면 언젠가는 놀랍게도 이들이 사업에 참여하는 날이 있을 수도 있다. 이들을 관리하는 것은 어렵지 않다. 정기적으로 제품에 대한 정보, 특히 신제품에 대한 정보를 제공해 본인 조직 내에서 이들의 가치를 높일 수 있다. 즉, 시간이 흐를수록, 이들 그룹이 제품 사용을 늘리도록 하는 것이 목표다.

(4) 유형 4 : D형

이 그룹의 사람들은 본인의 사업을 망치기 위해 등록한 사람들이다. 이들이 실제로 사업을 할 마음이 없다는 사실을 깨닫지 못 하면, 이들을 따라 다니느라 시간만 낭비할

따름이다. D그룹의 사람들은 본인의 사업에서 배제하라.

2. 디스트리뷰터의 분류법 및 전환법

A형 사람을 A그룹에 지속시키려던 그를 성장시켜야 한다. 이 때 지속적인 커뮤니케이션이 중요하다. 특히 첫 달에는 더욱 그렇다. 이 시기는 디스트리뷰터 형성기이므로 부정적인 요소나 어려움에 직면하게 된다. 따라서 디스트리뷰터가 주저앉을 때는 옆에서 그를 지탱해줘야 한다. 네트워크마케팅은 인간관계 사업이므로 가장 중요한 관건은 A형 그룹과의 관계를 유지하는 것이다.

그리고 디스트리뷰터가 올바른 방향으로 한 단계 나아가 본인에게 목표를 제시했다면, 본인은 2단계 이상 디스트리뷰터와 함께 일하면서 목표를 추진해 나가야 한다. 이것이 B그룹 사람들의 뒤를 따라 다니는 것보다 훨씬 생산적이다.

3. 80 : 20 규칙

'80 : 20 규칙'을 실천하라. 본인 시간의 80%를 본인에게 80%의 성과(또는 수입)를 가져다 줄 수 있는 20%의 디스트리뷰터에게 할애하라. 이 업계는 실천은 없고 말만 무성한 곳이다. 네트워크마케팅 경력자와 학술전문가는 모두 과거에 자신의 화려했던 경력을 자랑하면서 어떤 일을 할 수 있었고 어떤 일을 해야 했었다고 말할 수는 있지만 정작 가장 중요한 일 - 모집을 할 준비도 되어 있지 않고 하려는 의지도 없다.

4. 될 사람을 밀어줘라

성공한 네트워커들도 후회하는 일이 있다. 바로 부적합한 사람에게 너무 많은 시간을 허비한 것이다. 어떤 사람들은 본인(스폰서)이 아무리 노력해도 사업을 잘 하지 못한다는 사실을 인정하라. 설령, 등록을 하고 사업에 참여한 경우라도 이들은 이 사업에서 성공하지 못 한다. 따라서 뒤로 한 발 물러나 운명에 맡겨야 할 때를 배워야 한다. 그리고 승자를 점찍을 줄 알아야 한다. 그렇지 않으면 황소를 사다리 위로 밀어 올리는 것처럼 헛수고만 할 것이다.

5. 학습문화

모든 학습이 끝나면 다운라인에게 "무엇을 배웠습니까?"라고 계속 질문해 학습문화를 만들어야 한다. 다른 라인의 디스트리뷰터와 서로의 학습경험을 나누도록 권장하라. 좋은 기사들을 나눠주고 책과 테이프를 추천하라.

일반적으로 테이프는 우리에게 열정을 준다. 가슴에 호소한다. 대개의 사람들에게는 책보다 테이프가 듣기가 더 쉽다. 또 테이프는 성공자들의 다양한 사업경험을 알려준다. 그러므로 사업진행을 위해 테이프 청취는 필수이다.

책은 우리에게 논리성과 합리성을 준다. 가슴에 호소하

는 것이 아니라 머리에 호소한다. 하지만 책 읽는 습관을 들이기는 쉽지 않다. 하지만 일반적으로 책을 읽는 사람은 쉽게 흔들리거나 무너지지 않는다. 논리적인 체계, 이성적인 체계가 그의 안에 잡혀 있기 때문이다.

사실, 테이프는 사업자들이 비교적 잘 들으므로 굳이 강조하지 않아도 되겠지만 책 읽기는 더 강조해야 한다. 책을 읽어야만 흔들리지 않는 믿음과 확신으로 꾸준히 인내하며 사업을 진행할 수 있기 때문이다.

VIII. 효율적인 네트워크를 구축하기 위한 성공전략

1. 모범을 보이기

사업계에서는 모범을 보여 회사를 이끌어 나간 사례가 많다. 네트워크마케팅에서 이것은 불문율이다. 디스트리뷰터들은 유능한 사람들이다. 단순히 얘기만 듣고서는 행동에 옮기지 않는다. 오로지 리더의 행동을 관찰하고 (효과가 있을 때만) 비로소 실천에 옮긴다. 본인이 리더이지만 내가 직접 실천하지 않고는 나의 팀원들에게 분주한 시장거리에서 사람들에게 사업설명회 초대장을 나눠 주도록 할 수는 없다. 이 사업을 성공적으로 이끌 수 있는 방법은 단 한 가지다. 맨 앞에 서서 총알을 맞는 것이다.

즉, 내가 먼저 모범을 보이는 것이다.

2. 내 스폰서가 최고다

내가 아는 한 네트워크마케팅 사업자는 다음과 같은 얘기를 내게 들려주었다.

오늘 어느 사장님을 만났습니다. 여러 가지 고민이 있었고 목사로서 그 분의 고민들을 모두 들어주었고 조금은 도움이 된 듯했습니다.

그 분이 그러더군요. "제가 목사님의 파트너였으면 얼마나 좋았겠어요."

저는 속으로 이런저런 생각을 해 봤습니다. 그 사장님이 내 파트너였다면, 내가 정말 그렇게 훌륭한 스폰서 역할을 할 수 있었을까? 내가 그 분의 스폰서였다면, 그 분은 제게 만족을 못 했을 겁니다. 저 역시 부족한 점이 많은 사업자이기 때문입니다.

현재의 내 스폰서에게 불만족한 사람은 더 훌륭해 보이는 스폰서가 자신의 스폰서가 되어도 역시 불만족하게 됩니다. 문제는 항상 스폰서에게 있는 것이 아니라 내게 있기 때문입니다.

남의 떡이 커 보이는 법입니다. 남의 사업은 잘 되는 것 같고 남의 스폰서는 더 잘 도와주는 것 같고 남의 파트너는 셀프리더인 것 같고…

하지만 아닙니다. 누구든 마찬가지입니다. 누구든지 스폰서가 마음에 들지 않는 구석이 있고 파트너가 제대로 움직이지 않는 것 같고 사업이 제대로 풀리지 않는 것 같습니다.

네트워크마케팅 사업은 내 사업이며, 내 사업은 내가 결정하는 것입니다. 내 스폰서, 내 파트너는 결코 바꿀 수 없습니다. 정해진 운명입니다.

내 스폰서가 최고라고 생각하고 그렇게 행동한다면, 정말 그 스폰서는 최고의 스폰서가 될 것입니다.

내 파트너를 진정 사랑하고 세세한 부분까지 사업을 잘 가르쳐주고 마음에 들지 않는 점까지 감싸주고 파트너가 제대로 설 때까지 기다릴 줄 안다면, 내 파트너는 누구 못지않게 훌륭한 셀프 리더가 될 것입니다.

내 스폰서를 마음으로부터 진정으로 사랑하고 존경하도록 하십시오.
내 파트너를 마음으로부터 사랑하고 포용하십시오.
네트워크마케팅 사업을 진정 사랑하고 비전을 향해 나가십시오.
그러면 정해진 내 운명 안에서 나는 반드시 성공자가 될 것입니다.

우리 사업에 있어 스폰서의 도움은 절대적이다. 그래서 스폰서를 '생명줄'이라고도 한다. 그만큼 사업에 있어 스폰서의 후원과 도움은 매우 중요하다. 그렇기 때문에 파트너로서는 얼마나 스폰서의 도움을 잘 받는가에 따라 사업성과도 판이하게 달라질 수 있다.

스폰서가 마음에 들지 않는 경우도 물론 있다. 하지만 파트너로서는 어떻게 해서든 스폰서의 도움을 얻어야 한다. 그 어떤 스폰서도 없는 것보다는 훨씬 낫기 때문이다.

스폰서에게는 모든 파트너들이 중요하다. 파트너들의 성공이 곧 스폰서의 성공이기 때문이다. 하지만 스폰서도 뭔가를 해주고 싶은 파트너가 있고 해주기 싫은 파트너도 있다. 늘 긍정적인 말을 하고 뭔가 소망을 얘기하고 시스템대로 잘하는 파트너가 스폰서에게는 최고의 파트너이다. 이런 사람은 적극적으로 최대한 도와주고 싶은 것이 인지상정(人之常情)이다.

여러분이 네트워크마케팅 사업에서 성공하고 싶다면, 스폰서가 기꺼이 후원해주고 싶은 그런 파트너가 되어야 한다.

3. 마스터 마인드

조직 내에 활성화된 리더들을 중심으로 마스터 마인드 그룹을 만들어라. 그룹의 목적은 서로 도와 사업성장을 도모하고 서로의 목표를 이루도록 격려하는 데 있다. 마스터 마인드의 개념은 나폴레옹 힐의 저서, 〈생각하고 부자가 되어라〉에서 얻은 것이다. 다른 주의 계획은 무엇인가? 무엇을 우려하고 있는가? 서로 돕기 위해 무엇을 할 수 있는가?

※ 마스터 마인드 행동강령
- 마스터 마인드 그룹에 성심성의를 다한다.
- 받기보다는 주고자 노력한다.
- 남을 돕는 일에 보상을 바라지 않는다.
- 항상 긍정적으로 말하고 사고에 제한을 두지 않는다.
- 파트너를 존중하고 신뢰를 바탕으로 사업관계를

형성한다.
- 마스터 마인드 파트너가 목표를 이룰 수 있도록 격려를 아끼지 않는다.
- 파트너와 상의한다. 파트너와 합의된 것만 행동에 옮긴다.
- 성실하고 긍정적이며 정직함과 동시에 본인의 그룹에 100% 노력을 기울인다.

4. 매출액

네트워크마케팅 사업에 있어 네트워크를 구축하는 것과 동시에 매출액에도 관심을 두어야 한다. 지극히 상식적인 말이지만 많은 사람이 이 원칙을 무시하고 파트너 물색에만 급급해 대규모 그룹을 구축하는 데 전력을 다한다.

분명히 네트워크마케팅 사업은 제품을 파는 사업은 아니다. 하지만 이를 확대 해석해서는 안 된다. 어차피 네트워크마케팅 사업에 있어 보너스와 이익은 물류이동을 통해 이뤄지기 때문이다. 그러므로 열심히 소비자 전달을 해야 한다.

그러므로 소비자전달은 우리의 매우 중요한 활동 가운데 하나다. 진정한 사업자라면, 매달 자신의 목표를 세워 스스로 그 목표를 달성하는 모범을 보여야 한다.

똑같이 상품이 팔려 나가는데 이를 '판매'라고 하지 않고 '소비자전달'이라고 하는 이유는 물류이동의 방법이 전혀 다르기 때문이다. 판매는 무조건 소비자로 하여금 상품을 사게 하는 것이다. 반면, 소비자전달은 내가 써보고 좋은 점, 우리 상품의 우수한 점을 자랑하는 것이다. 그리고 그 소비자로 하여금 스스로 판단해 사게 하는 것이다.

매출액이 작은 액수라고 무시해서는 절대 안 된다. 즉, 주방세제 하나 갖다 달라는 것을 우습게 보지 말라는 것이다. 물론 단돈 몇 천 원을 전달해봤자 큰 도움이 되는 것은 아니다.

하지만 네트워크마케팅을 통해 나오는 제품은 대부분 질이 좋고 저렴하기 때문에 한 번 써본 사람은 반드시 다시 쓰게 되어 있다. 소비자전달을 위해 처음 다섯 번만 발걸음하면, 그 소비자는 스스로 주문하여 소비하는 나의 강력한 소비자 네트워크가 된다.

5. 셀프 리더
네트워크마케팅 사업에서 셀프 리더란, 자신의 힘으로 성공을 이뤄나가는 사람을 뜻한다. 스폰서와 파트너에 상관없이 성공을 이뤄나가는 사람이 진정한 셀프 리더인 것이다.

혼자서 홈 미팅, 센터 미팅, 세미나 랠리 등에 참석하는 것만으로 만족해서는 안 된다. 이는 사업자라면 당연히 해야 할 일이기 때문이다.

셀프 리더란 그 이상이다. 즉, 스폰서가 후원을 잘못해 줘도 네트워크마케팅의 시스템을 활용해 성공을 이루어 나가는 것이다. 파트너가 생각처럼 움직여 주지 않아도 파트너에 의존하지 않고 성공을 이뤄나가는 것이다.

어떤 사람은 사업이 안 된다고 스폰서를 원망한다. 그럴 수 있다. 마음에 안 들고 제대로 못 해주는 스폰서가 있을 수 있다. 그렇다면 나의 성공과 나의 인생을 스폰서에게 무조건 맡길 것인가?

파트너를 불평하는 사람들이 많다. 파트너들이 생각처럼 움직이지 않는다는 것이다. 그렇다면 파트너가 잘하면 나도 성공자가 되고 파트너가 못 하면 사업까지 포기할 것인가? 파트너야 어떻든 나는 나의 사업과 나의 성공을 이뤄나가야 하는 것이다.

셀프리더가 되려면 철저히 자신이 준비되어야 한다. 네트워크마케팅 사업에서 성공하는 리더들의 공통점은 처음으로 사업을 시작할 때, 엄청나게 많은 교육투자를 했다는 점이다.

이런 셀프리더를 만들어 내기 위해서는 처음부터 철저한 교육이 필요하다. 스스로 할 수 있는 일을 스폰서에게 부탁하지 않도록 교육하라. 물론 파트너를 도와줄 수는 있지만 그들을 불구로 만들어서는 안 된다. 이 원칙은 파트너가 등록하는 날부터 적용된다. 파트너 대신 가입신청서를 작성해 주지 말라. 스스로 작성할 수 있도록 해야 한다. 만약 파트너가 신청서를 작성하는 데 어려움이 있다면, 그 때는 도와줄 수 있다. 이 일은 사소해 보이지만 본인이 그렇게 하지 않으면, 나쁜 습관을 키울 수 있다.

만약 여러분이 없을 때, 여러분의 파트너가 자신의 파트너를 등록시키고자 하는데 등록 방법을 모른다면, 어떻게 할 것인가? 여러분에게 전화를 할 것인가? 처음에 할 수 없는 일이 있으면 배우게 하라. 예상고객에게 설명하는 방법 등을 잘 코치해 파트너 스스로 할 수 있을 뿐만 아니라 훗날 다른 사람에게 가르칠 수 있도록 교육하라.

6. 질적 복제

큰 보상을 받으려면 거대한 조직을 구축하여 매출액을 많이 올려야 한다(보너스를 많이 타려면 매출액이 많아야 한다). 여기에는 두 가지 문제가 있다. 양(量)을 중시해 조직에 많은 다운라인을 확보할 것인가 아니면 질(質)을 중시해 꾸준히 매출 실적을 쌓는 활성화된 다운라인을 많이 확보할 것인가?

나는 이런 질문을 받은 적이 있다. "어디에 주력하시겠습니까? 양적인 면을 중시해 가능한 한, 많은 사람을 참여시키겠습니까 아니면 한 사람 한 사람이라도 확실한 사람, 성장가능성이 있는 사람에게 주력할 것입니까?" 나는

'양쪽 모두'라고 답했지만 사실은 양쪽 모두 아니다. 내가 주력하는 것은 '질적 복제'이다.

7. 복제의 힘

많은 사람들을 여러분의 네트워크에 참여시켜라. 네트워크마케팅 사업을 하면서 복제의 힘을 완벽히 이해하지 못 하면, 이 사업의 핵심을 모르는 것이다. 이런 효과를 이해하고 있는 사람들도 제대로 사용하지 못할 때가 많다. 이 개념을 전달하기 위해 나는 종종 이렇게 질문한다. "한 달에 한 명씩 모집하고 이 모집한 사람들이 본인이 한 것과 똑같이 한다면, 1년 후 몇 명이 본인의 조직에 참여하겠습니까?" 그리고 나서 잠시 시간을 두고 청취자들이 답을 계산하도록 한다.

마침내 내가 '4,096명'이라는 답을 주면 청취자들이 놀라 휘둥그래진 눈과 입을 볼 수 있으리라. 그렇다면 여기서 질문은 어떻게 그렇게 할 수 있는가인데 답은 '질적 복제'이다.

생각할 점 : 한 달에 한 명씩 1년 간 모집해 100% 복제되었다면, 본인의 네트워크에는 4,096명이 참여하게 된다. 그러나 대부분이 이런 네트워크를 세우지 못 하는 이유는 100% 복제하는 데 실패했기 때문이다. 따라서 본인의 그룹 규모는 얼마나 복제를 잘 하였는가에 달려 있다.
질적 복제! 이것이야말로 '성공의 열쇠'를 얻는 길이다.

IX. 효율적인 네트워크 유지 및 강화를 위한 성공전략

1. 열정을 보여줘라

본인이 쌓아야 할 가장 중요한 믿음은 네트워크마케팅, 본인의 회사, 제품, 사업 기회의 가능성에 대한 믿음과 확신이다. 그 중에서도 가장 중요한 것은 본인 자신과 상대방의 성공 가능성에 대한 믿음이다. 본인의 사업을 설명할 때는 본인의 열정을 보여줘라. 이것이 중요하다. 본인이 무엇을 얘기하는가보다는 어떻게 얘기하는가가 더 중요하다는 점을 명심하라.

사업초기에는 "그래, 나는 성공해야 돼", "성공하는 그날까지 열심히 할 거야."라고 다짐하면서도 결국 포기하는 경우가 많다. 상품전달에 필요한 전문지식은 갖추었지만 열정(에너지)이 부족해 성공하지 못 한다면, 어느 분야에서도 성공할 수 없다.

열정의 정도가 성공과 실패를 가른다. 세상에서 성공한 사람들의 보편적인 자질은 열정이었다. 자기 일에 자부심을 갖고 누가 뭐래도 미쳐 있는 사람들이었다.

"승자는 패자가 하려고 하는 일을 하지 않는다." 승자는 남들보다 몇 마일 더 가고 몇 시간 더 일하는 사람들이다. 승자라면 그 시간을 만들어내고 몇 마일 더 가는 에너지가 있다. 패자는 "피곤해서", "늦었으니까", "아, 그러니까"라는 말로 자신을 합리화한다.

비행기 조종사가 비행기를 땅에서 이륙시키듯이 당신이 발휘할 수 있는 에너지를 모두 끌어내어 전속력으로 추진해야 성공할 수 있다.

2. 본인에게 계속 동기를 부여하는 기법
스스로 목표를 세우고 목표를 달성하면, 자신에게 포상을 하라. 휴가, 자동차, 집과 같이 원하는 것의 사진을 걸어놓고 매일 그것을 보면서 원하는 것을 얻었을 때를 상상해 보라. 이렇게 하면 지속적으로 본인에게 동기부여를 할 수 있다.

자신과 싸워라. 다른 사람들의 일을 걱정하지 말라. 본인의 잠재력을 깨닫고 목표달성에 주력하라. 다른 사람의 성공담과 위인전기를 읽어라. 그들의 경험과 용기에 대해 알아보라. 다른 사람에게 용기를 줌으로써 스스로 용기를 얻어라. 다른 사람을 가르치면 가르칠수록, 더 많은 것을 배울 수 있다. 따라서 다른 사람에게 동기를 부여하라. 그러면 그러는 동안 본인도 동기부여가 된다는 사실을 깨달을 것이다.

3. 선서(자기다짐, 자기선언)
• 나에게 성공과 풍요와 좋은 일만 약속한다.

- 나의 주변에는 항상 멋지고 아름답고 성공한 사람들이 있을 것이다.
- 나의 인생은 풍요로 가득 차 있을 것이다.
- 내가 필요로 하거나 원하는 것을 언제든지 가질 수 있다.
- 내가 원하는 완벽한 삶을 살고 있다.
- 나에게는 멋진 가족, 항상 원하던 차가 있고 원할 때는 언제든지 원하는 곳으로 여행을 한다.
- 나는 설득력이 있어서 나의 사업을 사람들에게 설명하면, 사람들은 나의 사업에 참여하고 싶어 한다.
- 나는 강한 사람이며 나의 인생에 절대적인 통제력을 가지고 있다.
- 나는 사업을 하면서 연 1억 원의 소득목표를 달성했다.

4. 긍정적인 사람이 되기 위해 해야 할 일

집안에 긍정적인 글들을 붙여 놓으면 집안을 돌아다니면서 볼 때마다 기분이 좋아질 것이다. 예를 들어, 다음과 같은 글들을 붙여 놓을 수 있다.

- 승자는 결코 포기하지 않는다… 포기하는 자는 결코 승리하지 못 한다.
   ☆ 좌절했다고 해서 스스로 실패했다고 생각하기 전까지는 실패한 것이 아니다.
- 패배란 없다… 일시 후퇴만 있을 뿐이다.

자신의 목표를 점검하라. 목표를 이뤘을 때의 자신의

모습이나 자신이 평소 하고 싶어 했던 일들(골프, 영화감상, 무도회 참석 등)을 하면서 휴식을 취하는 모습을 상상해보라.

5. 생각하라, 그러면 부자가 될 것이다

본인의 목표를 구체적으로 생각하라. 나폴레옹 힐은 그의 저서에서 다음과 같이 해 보도록 권하고 있다 :

• 원하고 있는 것에 대해 명확하고 구체적인 꿈을 가져라.
• 꿈을 이루기 위해 필요한 방법을 결정하라.
• 실천 계획을 세워라.
• 실천 계획에 필요한 도구, 기술, 인력을 확보하라.
• 목표달성 일자를 정하라.
• 즉시 시작하라.

6. 목표 점검

목표를 달성하려면 실천계획을 세워야 한다. 목표 판매량이나 모집인원을 일별, 주별, 월별 단위로 관리하기 쉽게 나누어라.

정기적으로 전반적인 목표 점검을 해야 한다. 다음의 질문을 생각해보라 :

• 나의 현재 목표는 무엇인가?
• 가장 중요한 목표는 무엇인가?

- 목표를 변경하고 싶은가?
- 목표달성 일자는 언제인가?
- 원하는 것을 달성하기 위해 무엇을 해야 하는가?

7. 약속을 하면 반드시 실천에 옮겨라

약속한 것을 반드시 실행하라. 사람들을 불안하게 만들지 말라. 그들에게 전화하고 e-메일을 보내고 편지나 팩스를 보내라. 상대방이 걱정하지 않도록 본인이 애쓰고 있음을 보여줘라. 예기치 못한 일이 발생했을 경우, 상대방에게 알려주고 의구심을 갖게 하지 말라. 시간을 지켜라. 신뢰를 쌓아라. 이것이 최상의 과제이다.

그리고 또 하나 지켜야 할 약속이 있다. 매일 자신이 해야 할 일들(전화하기, 사람 만나기, 사업 안내, 소비자전달, 테이프 청취, 미팅 참석 등)을 정하고 그것들을 반드시 이루는 것이다.

물론 이렇게 계획대로 움직인다고 사업이 순식간에 일어나는 것도 아니고 갑자기 잘 되는 것도 아니다. 하지만 이렇게 매일 조그만 계획들을 세우그 실천하다 보면 반드시 사업은 성공하게 되어 있다.

이것들을 언제부터 해야 할까? 바로 지금이다.
전화할 사람을 고르고, 전화하고, 약속을 정하고, 소비자전달 및 사업전달을 즐거운 마음으로 해야 한다. 그의 사업 수락 여부는 그리 중요하지 않다.

내가 내 자신에게 한 약속들을 지켜 나가면, 반드시 사업은 성공할 수 있다. 매일 자신에게 약속하고 그 약속을 지켜라. 그리고 행동하라.

8. 희망과 꿈

본인의 목표를 달성하려면 다른 사람들의 희망과 꿈을 이끌어내야 한다. 올림픽 장대높이뛰기 금메달리스트이자 미국 10종경기 챔피언인 레브란드 밥 리처드(Reverend Bob Richards)는 고교생들에게 동기부여에 대한 강연을 자주 했는데 이런 말로 끝맺곤 했다. "바로 이 강당에 올림픽 챔피언이 있습니다. 여러분은 자신을 잘 압니다. 감사합니다."

이런 강연을 여러 회 하던 어느 날, 가능성이 전혀 없을 것 같은 아이 - 뚱뚱하고 키도 작고 발육이 제대로 되지 않은 어떤 학생이 그에게 와서 말했다. "리처드 씨, 저는 올림픽 챔피언이 될 겁니다!" 또 어떤 사람은 "4년 안에 금메달을 딸 겁니다." 그리고 가능성이 없어 보이던 이 아이들이 결국 '승자'가 되었다! 그들은 자신이 할 수 있다고 믿었다. 그래서 올림픽에 나가 챔피언이 된 것이다. 만나는 사람들의 목표와 희망을 이끌어내라. 내가 알고 있는 어느 네트워커는 자신의 다운라인을 '미래의 다이아몬드'라고 소개한다.

9. 다른 사람을 위해 일하라

본인의 일에 자부심을 가져라. 어떤 사람이 80세의 백만장자에게 열심히 일하는 이유를 물었다. 그 백만장자는 자신은 돈이 필요없지만 자신을 위해 일하는 사람들이 돈이 필요하다고 대답했다. 그는 다른 사람들을 위해 기회를 만들어 주는 것을 자랑스러워하는 것이다.

10. 자신의 일을 사랑하라

자신의 사업, 업계, 직업을 사랑하라. 좋아하지 않는 일을 하고 있다면, 괜히 짐짝처럼 사장(社長) 목에 매달려 있지 말라. 누가 그렇게 끔찍한 회사와 사업을 하고 싶어 하겠는가? 그 직장을 그만두고 본인이 잘할 수 있는 일을 찾아라. 누가 본인에게 하루 몇 시간 일하는지 물으면, "가능한 적게"라고 대답하는 대신, "가능한 많이! 일이 더 많기를 바랄 뿐입니다."라고 대답할 수 있어야 한다. 공자는 "인생에서 진정으로 사랑하는 일을 찾았다면, 그 때부터는 일을 하는 것이 아니다."라고 했다.

11. 자유롭게 해줘라

다운라인이 본인에게 전화를 해오지 않고 본인의 도움이 필요 없는 것으로 보이면, 다 자란 자식에게 간섭하는 엄마처럼 상실감에 빠져 잔소리를 하거나 과잉보호하려 하지 말라. 다운라인은 항상 그 자리에 있을 것이고 본인도 제자리를 지키면서 다운라인이 도움이 필요할 때, 도움이 되어야 한다. 자주 다운라인에게 전화해 어떻게 사업하는지 알아보되, 간섭해서는 안 된다.

12. 부정적인 요소와는 싸우고 긍정적인 요소는 받아들여라

다운라인에게 부정적인 요소는 멀리하되 부정적인 요소를 본인에게 말해줄 것을 부탁하라. 이는 바로 부정적인 요소와는 싸우고 긍정적인 요소는 받아들이는 규칙이다. 이 규칙은 본인의 네트워크를 긍정적이고 활기차게 만들며 성장을 가능케 하는 주요 요인이다. 부정적인 요소에는 방어적인 자세를 취하기보다는 맞서 싸워야 한다. 항상 이렇게 할 수는 없겠지만 그래도 이런 노력이 다운라인에게는 더 중요하다.

네트워크마케팅에서 성공한 사람들은 가장 불쾌한 일로 주로 부정적인 얘기를 하는 사람들과 함께 있는 경우를 든다. 더군다나 그 자리가 새로 이 사업에 참여한 사람들과 함께 한 자리라면 말이다.

"○○ 직종의 사람들은 진짜 컨택하기 어렵다."라든가 "이번에 새로 나온 제품은 디자인이 영 형편없다."라고 큰 소리로 떠들면서 좌석을 주도해 나가는 것은 정말 사업진행에 있어 암(癌)적인 존재이다. 왜냐하면 이런 사람들은 의식하든 하지 않든 다른 사람들에게 악영향을 주기 때문이다.

부정적인 말, 부정적인 사람은 네트워크마케팅 사업에 전혀 도움이 안 된다.

부정적인 생각에서 적극적인 행동은 절대 나오지 않는다. 더군다나 네트워크마케팅 사업은 행동으로 성공해 나가는 것이다.

부정적인 말, 부정적인 사람은 피하는 것이 좋다. 한 순간 즐거운 대화를 나눈다는 명목으로 자신의 인생을 파괴해 버리는 어리석음을 범하지 말아야 한다. 긍정적이고 적극적인 말을 하고 그러한 사람을 만나는 것은 자신과 사업에도 도움이 된다.

13. 50가지 실패 요인

다음의 50가지 실패요인을 항상 기억하라. 읽고 반성하는 동안 여러분의 성공은 어느 덧 눈앞에 와 있을 것이다.

1. 목표를 써놓지 않는다. 자신의 인생에서 무엇을 원하는지 모른다.
2. 방향도, 비전도, 꿈도 없다. 혼든스럽고 상실감에 빠져 있다.
3. 진지한 사업 열의가 없다. 따라서 진지한 실행 계획도 없다.
4. 일찍 포기한다. 대개 시작한 지 90일 안에 그만둔다.
5. 게으르다. 일하지 않고 다운라인의 노력으로 수확하

려 한다.

6. 사업에 소매기반이 확보되어 있지 않다.

7. 사업을 일일 단위로 하지 않는다.

8. 업라인의 소득에 불만을 표시한다. 일을 그만두어 업라인이 자신의 생산을 통해 보너스를 못 받도록 한다. 이는 자멸행위이다.

9. 회사, 제품, 보상플랜, 업라인의 후원 부족 등을 계속 비난한다. 다른 사람이 같은 조건에서 성공했다면, 본인도 성공할 수 있음을 깨닫지 못 한다.

10. 노력은 안 하면서 터무니없는 기대만 크다.

11. 조급하다. 필요한 노력을 할 의사는 없이 일확천금을 꿈꾼다.

12. 아이처럼 불평불만에 가득 차 있다. 아무 실적이 없다.

13. 가족, 친구, 친지의 부정적인 얘기의 영향을 쉽게 받는다. 긍정적인 면은 듣지 않는다. 스스로 판단할 수 없다.

14. 항상 변명만 늘어 놓는다.

15. 자신이 모든 것을 알고 있다고 생각한다.

16. 실적을 올리지도 못 하고 여기저기 네트워크마케팅 회사를 전전한다. 이런 경우, 큰 돈을 벌지 못 한다.

17. 스스로 실적을 올리지 못하고 실적이 높은 사람을 후원하고 싶어한다(실적이 높은 사람을 후원하는 것보다는 실적이 높은 사람으로부터 후원을 받는

것이 더 좋다. 이렇게 하면 실적을 높일 수 있는 방법을 배울 수 있으며 자신의 후원자가 톱 프로듀서라고 소개하면 훌륭한 모집 수단이 될 수 있다).

18. 정리정돈이 되어 있지 않다. 서류를 찾는 데 많은 시간을 허비한다. 책상 위가 어지럽다.

19. 기록하지 않는다. 거래내역에 관한 정확한 기록이 없다.

20. 개인의 이익에만 관심이 있다. 고객과 다운라인의 요구에는 별 관심이 없다.

21. 네트워크마케팅에서 성공하는 법을 모른다. 또 알려고 하지도 않는다.

22. 고객이나 다운라인과 쉽게 가까워지지 못 한다.

23. 걸려온 전화에 즉각 회신하지 않는다.

24. 약속을 지키지 못 하고 지키지 못한 이유도 설명하지 않는다.

25. 예상고객과 기존고객을 관리하지 못 하며 관심도 없다.

26. 작은 문제나 어려운 상황에 실망하고 만다. 따라서 노력도 중단된다.

27. 다른 회사를 비난한다. 긍정적인 사람으로서의 신뢰감을 잃는다.

28. 네트워크마케팅 사업에 대해 진지하지 못 하다.

29. 자부심이 부족하다. 지저분한 차를 몰고 다닌다. 예상고객은 이런 사람을 자부심이 부족하다고 여긴다

는 사실을 깨닫지 못 한다.

30. 비전문적이고 불확실한 정보를 유포한다.

31. 제품 효능을 제대로 소개하지 못 한다.

32. 제품 효능을 스스로 믿지 못 한다.

33. 고객이나 다운라인의 불만사항을 처리하지 못 한다.

34. 다운라인의 목표 달성을 칭찬하거나 인정해 주지 못 한다. 너무 자기중심적이다.

35. 톱 디스트리뷰터와 어울리지 못 하고 부정적인 사람들과 어울린다. 원래 사람들은 유유상종(類類相從)하는 법이다. 주의하라!

36. 시급한 정보를 다운라인에게 즉시 전달하지 않는다.

37. 정리하는 데 너무 많은 시간을 소비하고 예상고객이나 기존고객과 얘기하는 시간이 거의 없다. 즉, 사람들을 피하는 경향이 있다.

38. 신규회사에 대해 시간이 걸린다는 사실을 인정하지 않고 완벽함을 기대한다.

39. 성공을 위한 계획을 세우는 데 시간을 투자하지 않는다.

40. 전문가다운 외모를 갖추지 못 했다.

41. 최근의 업계 현황에 대해 책을 읽지도 않고 정보에도 어둡다.

42. 몸도 건강하지 못해 에너지가 부족하며 사업에 매

진하지 못 한다.

43. 전력을 기울이지 않는다.

44. 소문만 믿고 사실을 확인하지 않는다. 아무 프로그램에나 속기 쉽다.

45. 잘못된 네트워크마케팅 프로그램에 참여하고 있다.

46. "모든 것은 자신에게 달려 있다!"라는 중요한 사실을 믿지 않는다.

47. 불법 피라미드나 기타 사업에 연루되어 있다.

48. 다른 사람의 덕을 보려 한다. 아무 것도 하지 않고 공짜를 바란다.

49. 광고, 브로셔, 전단 등에 투자하려 하지 않는다. 너무나 안전지향적이다. 그저 앉아서 일이 저절로 되기를 바란다.

50. 상대방의 거절을 개인에 대한 거절로 여긴다. 결국 사람들에게 전화하는 것을 포기한다. 상대방의 거절은 "지금은 거절하지만 수락할 수 있는 근거를 제시해 주십시오."라는 의미이다.

14. 포기하지 말라

네트워크마케팅 사업이 힘들어 포기하겠다는 사람들이 있다. 어차피 이 사업은 여러분의 사업이고 여러분을 위한 것이므로 그런 결정 역시 여러분이 하면 된다. 그러나 그러기에 앞서 생각해볼 것이 있다.

먼저 이 사업은 절대 어렵지 않다는 것이다. 어렵다고

말하는 사람들은 대부분이 조급했거나 시스템대로 못 했거나 대가를 치르지 않은 사람들이다. 이 사업은 엄청나게 큰 사업이다. 실제로 수입이 그렇게 되어간다. 그러려면 그 만큼의 시간과 노력의 투자는 필요한 것이다.

어쨌든 이 시점에서 네트워크마케팅 사업을 그만둔다고 해도 6개월 후, 1년 후, 또다시 누군가가 이 사업을 내게 전해올 것은 분명한 사실이다. 하지만 사업을 그만둔다고 뾰족한 수가 있을까? 당장은 홧김에 때려 치우겠다고 하지만 네트워크마케팅 사업을 대체할 만한 것이 과연 얼마나 있을까? 아르바이트는 시간을 소비하고 약간의 임금을 받을 수는 있다. 다른 자영업은 치열한 경쟁에서 무너질 위험도 생각해야 한다.

이 사업을 그만 둔다면, 결국 앞으로 3년 후, 5년 후의 나의 운명은 현재와 똑같다는 결론이 나온다. 아니 더 나빠질 가능성도 다분하다. 하지만 네트워크마케팅 사업을 계속해 나가면, 성공의 시간은 늦어지더라도 앞으로 희망이 있고 '성공의 열쇠'를 제공해 준다.

나의 직장, 나의 직업이 내 인생을 보장해주지 않는다는 것도 알아야 한다. 이제 40대 정년은 기본이 된 반면, 평균수명은 연장되어 보통사람들도 80세까지는 생을 영위해야 한다.

남성의 경우, 30세에 직장에 들어가 45세에 퇴직했다면, 15년 동안 벌어 80세까지 35년을 먹고 살아야 한다는 얘기다. 물론 다른 직업과 다른 일을 하겠지만 그것이 그렇게 쉬운 일이 아니다.

네트워크마케팅 사업의 경우, 늙어 죽을 때까지도 할 수 있고 오래 하면 할수록, 수입도 늘어난다. 안할 이유가 전혀 없는 것이다.

기대에 비해 사업 전개가 늦어 실망하는 사람들이 많지만 네트워크마케팅 사업은 고수익, 무위험 사업이다. 반면, 어느 정도의 성과가 나타날 때까지는 오랜 시간이 걸릴 수도 있다. 그래서 많은 사람이 실망하는 경우도 있다. 하지만 네트워크마케팅 사업을 아무리 오래 해도 망할 일은 없다. 잘 되면 큰 성공을 거둔다. 이런 사업을 마다할 이유가 과연 무엇인가?

결론적으로, 성공하려면 끈기가 있어야 한다. 초기에는 사업성장이 부진해 보일 수 있지만 그렇다고 포기하는 실수를 범하지는 말라. 모든 일이 제자리를 잡으려면 다소 시간이 걸리는 법이다. 그리고 나면 본인의 그룹은 급성장하기 시작할 것이다. 전 세계적으로 성공한 네트워커들의 공통점은 단 한 가지다. 포기하지 않았다는 것이다.

X. 영원한 성공을 위하여: 핵심 성공 전략

1. 확신을 가져라

네트워크마케팅에서 성공하려면 무엇보다도 네트워크마케팅 산업의 발전에 대한 뚜렷한 비전과 성장가능성에 대한 확신이 있어야 한다. 그리고 자신이 소속된 회사에 대한 확신과 취급제품 및 보상플랜에 대한 확신이 있어야 한다. 그래야만 이 사업을 진행하는 동안 웬만한 어려운 일이 있더라도 포기하지 않고 꿋꿋이 사업을 진행할 수 있다. 아울러 이 사업에서 분명히 성공할 수 있다는 자기 자신에 대한 확신이 있어야 한다. 그러기 위해서는 반드시 성공할 수 있다는 굳건한 자신감이 있어야 한다.

2. 긍정적이고 적극적인 사고방식의 소유자가 되어야 한다

인생의 승리자나 성공자는 매사에 긍정적이고 적극적인 사고방식을 가지고 성실히 사는 사람들이다. 긍정적인 사고방식이란 모든 일과 사안(事案)에 대하여 좋은 쪽으로 생각하는 것을 말한다. 네트워크마케팅 사업 역시 성공하려면 긍정적이고 적극적인 사고방식과 아울러 긍정적이고 적극적인 언어의 사용 그리고 그런 태도가 삼위일체가 되어야 한다. 그런 자세로 올바른 사업진행 방법을 실시하고 부지런히 사업을 진행하면 틀림없이 성공하기 마련이다.

그리스 신화 중에 '피그밀리온 효과' 라는 것이 있다. 사이프러스(Cyprus)의 왕자이자 유명한 조각가인 피그밀리온은 결혼 적령기임에도 이상이 너무 높아 그의 이상형을 찾지 못 하고 있자 평소 꿈에서 그리던 이상형의 여인상을 상아(象牙)로 조각하기로 했다. 마침내 비너스 축제일에 그 상아 조각상이 완성되어 제막식을 갖게 되었다. 그러나 이게 어찌된 일인가! 조각상의 휘장을 벗기는 순간, 상아로 만든 그 조각상의 여인이 그토록 마음속으로 그리던 여인으로 실제로 환생한 것이다.

이 이야기는 누구나 마음 깊이 간절히 소원하면 언젠가는 그 소원이 이루어진다는 신화이다. 그러므로 늘 긍정적인 생각을 하고 적극적으로 살아가면 꼭 성공할 수 있을 것이다.

이를 위해 지금부터 부정적이고 소극적인 생각은 쓰레기통에 버리고 희망찬 마음으로 무엇이든 할 수 있다는 자신감과 내가 하는 일은 무슨 일이든 잘될 것이라는 긍정적인 생각을 항상 가져야 한다.

3. 항상 밝은 표정과 강인한 정신력이 있어야 한다

모든 비즈니스 세계에서 그렇듯 네트워크마케팅 역시 이 사업을 진행할 때의 자세가 매우 중요하다. 이 사업에서 성공한 사람들은 한결같이 사업의 성패(成敗)는 태도와 자세에 달렸다고 한다. 그러므토 기본적인 자세와 태도를 가져야 한다.

자세는 크게 나누어 외적인 자세와 내적인 자세가 있다.

먼저 외적인 자세는 항상 밝게 웃는 표정으로 상대방을 대하고 복장은 청결하고 항상 반듯한 예의범절과 태도 그리고 의젓한 행동과 밝은 인사 등을 말한다. 특히 상대방을 처음 만날 때의 첫인상은 매우 중요하다.

그리고 "나는 성공할 수 있다", "하면 된다", "나는 어떤 어려움이 있더라도 이를 극복하고 꼭 성공할 수 있다"라는 확고한 내적인 자세를 갖고 있을 때, 성공은 보다 가까이 다가올 것이다.

4. 타는 듯한 뜨거운 열정이 있어야 한다

이 사업은 '열정 사업'이다. 열정 또는 열성의 어원은 ENTHUSIASM인데 이는 '신들린 사람'이란 뜻으로 이 사업에 미치라는 것이다. 미치되 바람직한 쪽으로 미치면 성공한다는 것이다. 성공한 예술가, 복싱, 야구, 골프 등의 유명 운동선수, 사업가, 종교 지도자나 정치가 등 모든 분야에서 성공한 사람들은 그 분야에 미친 사람들이다. 일에 미치면 남을 크게 의식하지 않고 마음의 여유가 생기고 항상 즐겁기 마련이다.

한편 열정은 에너지로 볼 수 있으며 에너지는 육체적

에너지와 정신적 에너지로 나눌 수 있는데 이 두 가지 모두 충만해야 한다.

육체적 에너지는 건강이 뒷받침 되어야 한다. 그러기 위해서는 균형적인 식사, 적당한 운동과 휴식이 필요하며 건강해야만 지속적인 노력으로 보다 큰 성공을 거둘 수 있다. 그리고 정신적인 에너지란 "어떤 일도 할 수 있다"라는 강인한 정신력과 어떤 시련도 참고 견디는 인내심 그리고 "하면 된다"라는 자신감과 신념을 말한다. 그러므로 불타는 에너지를 발산하기 위해서는 육체적인 건강과 부러지지 않는 강인한 정신이 동시에 구비되어야 성공할 수 있다.

열정을 지닌 만큼만 전진한다는 사실을 알아야 한다.

뚜렷한 꿈과 목표가 있고 계획이 있을 때만 비로소 전진하고 성장한다.

그러므로 네트워크마케팅을 사랑하고 네트워크마케팅과 연애하라.

그리고 자신이 소속된 회사와 취급제품을 사랑하고 연애하라.

그러기 위해서는 네트워크마케팅과 회사 그리고 취급제품에 미쳐라!

그러면 틀림없이 성공할 것이다.

5. 자신이 평소 닮고 싶은 2~3명의 성공모델을 정하고 그들을 복제하라

네트워크마케팅은 흔히 '복제사업'이라고 하듯이 사업 초기에는 시스템이나 상위스폰서가 말하는 대로 따라하기만 하면 되는 지극히 간단한 사업이다. 물론 처음에는 시스템 및 스폰서의 말대로 따라 하는 것이 그리 쉬운 일은 아니나 지속적으로 하다 보면 어느새 몸에 배고 마인드(mind)가 생겨 습관이 된다. 그러므로 평소 존경하고 따르는 닮고 싶은 성공자의 모델이 있으면, 그들의 사고방식이나 행동패턴을 따라하고 사업에 대한 그들의 노-하우를 배우고 그들과의 상담을 통한 훌륭한 조언과 후원을 받으면 큰 힘이 될 수 있다.

유유상종(類類相從)이란 말이 있다. 성공자와 늘 가까이 하고 그들과 계속 만나다 보면 자신도 모르게 그들을 닮아간다. 반대로 부정적이고 비판적인 사람들을 자주 만나면 자신도 그들처럼 되기 쉽다. 그러므로 늘 성공자와 함께 시간을 갖도록 노력하고 그들의 좋은 점들을 배워서 실천한다면 그만큼 자신도 성공에 가까워진다.

6. 시스템(System)과 스폰서(Sponsor)를 잘 따르라. 즉, 두 가지 S를 잘 따르라

거듭 말했지만 이 사업은 '복제 사업'이다. 그것은 지금까지 성공한 그 많은 성공자들의 축적된 공통적인 성공기법 즉, 성공 노하우를 체계화한 시스템을 잘 따르면 성공하기 마련이다. 그러므로 자신만의 능력만 믿고 자신에 찬 나머지 자기 식(마이 웨이; My Way)대로만으로는 성공하기 어렵다.

다음으로 스폰서를 잘 따르라는 것이다.

스폰서는 어쨌든 이 사업을 나보다 먼저 알고 먼저 시
작한 사람이다. 그러므로 나보다 그만큼 이 사업에 대한
지식과 경험이 많기 마련이다. 그러므로 스폰서와 수시로
상담해 그들의 노하우와 의견을 사업에 적용하면 큰 도움
이 될 것이다. 자고로 스폰서를 무시하고 스폰서를 멀리
하고 이 사업에서 성공한 사업자는 극히 드물다. 물론 모
범적이지 않고 시스템대로 하지 않는 스폰서는 다소 예외
지만…

7. 자신을 잘 관리하라
이 사업의 사업자는 매월 고정 월급을 받고 상사가 시키
는 대로 하는 종업원이 아닌 독립적인 경영자이다. 그런
만큼 경영자적인 의식과 자세를 가져야 한다. 그렇지 않고
서는 성공할 수 없다. 그러므로 목표 관리, 시간 관리, 고
객 관리, 영업 관리 등 모든 면에서 걸음마를 하고 스스로
걸어갈 수 있을 때까지는 가르쳐 주고 안내해 주지만 그
다음에는 모든 것을 스스로 알아보고 행해야 한다.

8. 집중력을 다하라
무슨 일이든 효율적으로 그리고 성공하기 위해서는 한
가지 일에 푹 빠져 그 일에만 몰입, 몰두해야 한다. 이것

저것 다 신경 쓰고 이것저것 다 손대고서는 정말로 하려는 일은 진도가 잘 나가지 않는다. 집중력이 있어야만 성공할 수 있다. 어떤 일이든 일단 결심하고 시작했다면, 자신의 능력을 최대한 발휘해 한 가지 일에만 노력을 기울여야 성공할 수 있다. 전력을 기울여 이 사업에 매진해야한다. 하는 둥 마는 둥 하면, 어떤 일도 성공할 수 없다.

여러분은 어린 시절, 볼록렌즈를 햇빛 쪽으로 향하고 그 빛을 쪼아 종이에 불을 붙여 본 경험이 있을 것이다. 이때 볼록렌즈를 한 곳에 오래 향하지 않고 이리저리 움직이면 절대로 불이 붙어 종이를 태울 수 없음을 알았을 것이다. 이처럼 자신의 제한된 시간과 에너지를 여기저기 소진하면 결코 효율적인 사업 진행이 될 수 없다.

그러므로 자신의 동원가능한 모든 에너지를 한 곳에 집중시켜 몰두하면, 엄청난 결과를 얻을 것이다. 이처럼 한 가지 일에 2~3년 간 몰두하다 보면 전문가 즉, 프로가 될 것이다.

9. 과거를 잊어라

이 사업에서 제품 전달이나 사업 안내를 위한 컨택을 하다가 어려움을 겪는 경우가 많다. 모르는 사람은 물론 특히 평소 잘 아는 사람의 거절이나 무시를 많이 당할 수 있다. 특히 사업 초기의 초심자 중에서 과거에 사회적으로 높은 직급에 있었거나 좋은 자리, 좋은 직장에서 별로 힘든 일을 안 해본 분들은 그 때 당시의 자존심이나 체면

이 상하면, 모처럼 큰 마음먹고 시작한 사업을 포기하는 경우가 생길 수 있다. 그렇기 때문에 과거의 화려한 학력이나 경력, 지위 따위는 빨리 잊는 것이 좋다.

'왕년에 병'에 걸려서는 절대로 이 사업에서 성공할 수 없다. 그것은 어디까지나 왕년에 지나간 일이다. 대통령이나 국회의원, 도지사, 시장 등의 선거철을 생각해보라. 한 표를 얻기 위해 얼마나 고생하는가? 그 수많은 고통, 수모와 어려움을 참고 극복한 결과로 이루어진 당선이 값지듯 우리 사업 역시 이런 시련과 어려움을 겪으면서 성장해 나가는 것이다.

또한 구태의연한 사고방식과 태도는 버려야 한다.
새로운 시대는 새로운 시대에 맞는 시대정신과 사고방식 그리고 라이프 스타일을 따라야만 성공할 수 있다. 결단을 내리면 마술과도 같은 일이 생기는 법이다. 결단력은 여러분의 꿈을 실현하기 위해 꼭 필요한 것이다.

결단력에 관한 괴테의 시(詩) 한 편을 소개한다.

무슨 일을 하든, 무엇을 꿈꾸든, 일단 시작하라.
과감한 결단에는 힘과 마술 그리고 천재성이 수반된다.
결정을 내렸으면 바로 시작하라. 그리고 열정을 가져라.
그런 다음, 믿고 나아가면 목표를 완수할 수 있으리라.

10. 지혜로운 바보가 되어라

이 사업에서 성공하기 위해서는 이 사업에서만 통용되는 시스템과 룰(rule)과 정신이 있다. 그리고 이 사업의 특성을 빨리 파악해 처음에 기초부터 잡아 나가야 한다. 자기 혼자 잘났다는 생각으로는 성공할 수 없다. 우직하게 시스템을 따르고, 오직 앞만 보고 사업하고 스폰서를 따르는 것이 언뜻 어리석어 보이지만 결국 이런 사람이 성공한다.

겉으로는 어리숙하고 바보처럼 보이지만 이런 사람이 이 사업에서 성공하는 지혜로운 사업자이다. 겉으로는 어리숙하게 보이지만 실제로는 똑똑한 사람이 되어라. 반대로 겉으로는 매우 똑똑해 보이지만 실제로 어리석은 사람은 성공하지 못 한다. 다시 말해, 겉으로는 똑똑해 보이지만 실제로는 어리석은 사업자가 되지 말고 겉으로는 바보처럼 보이지만 실제로는 똑똑한 사업자가 되도록 하라! 겉으로 보이는 겉똑똑이나 헛똑똑이 사업자보다는 바보처럼 보이는 지혜로운 사업자가 되어라.

11. 사업관련 정보에 밝도록 하라

현대를 '지식정보화 사회'라고 한다. 오늘날 정보는 돈이다. 그리고 아이디어 자체도 돈이다. 그러므로 사업과 관련된 정보에 항상 관심을 가져야 한다. 예를 들면, 경제 및 경영 전반에 대한 정보, 네트워크마케팅이나 마케팅 및 유통관련 정보, 고객이나 주변인물 정보, 소속회사나 그룹 또는 그룹 조직원 정보 등이 그것이다. 정보의 중요성을 인식할 수 있는 정보 마인드가 있는 사람이 성공할 수 있다.

12. 인맥 구성과 확충을 잘하도록 하라

이 사업은 '휴먼 네트워크(human network)'이다. 이를 위해서는 기존의 알고 있던 사람과의 관계 유지는 물론 새로 알게 된 사람과의 만남으로 인연을 잘 가꿔 나가는 것이 무엇보다 중요하다. 그리고 이들과의 긴밀한 인간관계 유지를 위해서는 평소 이에 대한 노력과 관심 그리고 정성이 있어야 한다. 사람들은 많이 알고 그들과의 친분관계를 돈독히 하고 사업 참여의 기회를 만들기 위해서는 어쨌든 많이 만나야 한다. 그러기 위해서는 점심시간을 잘 활용하는 것이 매우 효과적이다. 그리고 인맥이 넓은 소위, 마당발 몇 명을 확보해 그들을 통해 개인 정보는 물론 소개를 통한 예비사업자 발굴 기회도 얻을 수 있다.

13. 자기선언을 하라

이는 자신의 확고한 결심을 주변사람이나 사업관계자들에게 스스로 공개 선언하는 것이다. 그리하여 자신에게도 자신의 목표나 결심을 다시 한 번 환기시키고 주변사람들에게도 천명함으로써 자신은 물론 자신과 주변사람들과의 약속을 지키려고 노력하면, 결국 목표를 달성하게 된다. 이는 곧 자신이나 주변사람 그리고 사업관계자들에게 '자기선언'을 함으로써 스스로 실천하게끔 구속해 목표를 달성시키는 중요한 방법이 될 수 있다.

14. 효율적인 시간 관리를 하라

하나님은 모든 사람에게 하루 24시간을 공평하게 나누어 주셨다. 이 주어진 24시간을 어떻게 효율적으로 뜻있게 보내고 활용하는가에 따라 성공과 실패가 갈린다.

성공자는 시간을 지배하고 실패자는 시간에 끌려 다닌다. 성공자는 주어진 시간을 잘 짜서 낭비하지 않고 유효적절히 활용함으로써 성공하지만 실패자는 대충대충 살아감으로써 시간의 낭비가 많아 시간을 함축적으로 사용하지 못해 실패한다. 그러므로 무조건 열심히 일하는 것도 중요하지만 효율적으로 일해야 한다. 이를 위해서는 항상 효율적인 방법을 생각하고 연구하며 일해야 한다.

영국의 어느 연구기관에서 시간의 가치를 조사해 이를 금전적으로 환산해 보았다.

사람이 가진 1분의 가치는 평균 144원에서 180원으로 나타났다. 그러므로 이렇듯 우리에게 주어진 값진 시간을 뜻있게 활용해야만 사업뿐만 아닌 인생에서의 성공도 가져올 수 있다.

15. 인간의 심리와 개인 차이를 이해하고 배려하라

손자병법의 '지피지기(知彼知己)면 백전백승(百戰百勝)'이란 말처럼 상대방을 잘 알아야 전쟁에서 승리하듯이 비즈니스에서도 성공할 수 있다. 인간의 마음은 대개 비슷하지만 나름대로 다르게 주어진 환경이나 성장환경 탓에 각 개인들마다 특성이 있으므로 각자의 이런 다른 점을 파악하고 이해하며 사람들을 만나고 사업에 임하면, 효율적인 고객 관리 및 인간관계 유지가 될 것이다.

16. 전화를 최대한 많이 하라

이 사업의 특징은 인간관계 사업이며 무점포 사업이라는 것이다. 그러므로 전화를 많이 해야 한다. 그래야만 파트너에 대한 후원이나 스폰서와의 상담 그리고 신규고객에 대한 정보와 컨택의 기회가 생기기 마련이며 소비자고객에 대한 사후관리 역시 상당부분이 전화로 이루어지기 때문이다. 그러므로 적어도 하루에 20~30통은 해야 한다.

그리고 사업상의 목적으로 전화할 때는 통화의 주요 내용이나 말의 순서, 적절한 통화 시간대 및 상대방의 감정이나 기분 상태 등을 감안해 통화하되, 통화 도중이나 끝난 후, 통화상의 주요 내용이나 약속사항 등을 반드시 메모해 두어야만 잊지 않고 이행할 수 있다. 약속을 지켜 신뢰를 쌓는 것은 모든 비즈니스의 기본이다.

17. 키스(KISS)를 잘하라

이는 영어 단어인 'KISS' 즉, '입맞춤'을 잘하라는 뜻이 아니라 'Keep It Simple & Stupid'의 약자로 이 사업을 할 때는 너무 복잡하게 생각하지 말고 쉽게 간단히 생각하고 좀 어리숙하게 하라는 것이다.

매사에 '햄릿형' 처럼 너무 이론적이고 너무 따지고 분석만 해서는 사업 진전이 어렵다는 것이다. 행동할 때는 너무 복잡하고 심각하게 생각하지 말고 단순화시켜 간단하고 쉽게 생각하고 행동하라는 것이다.

18. 자신에 대한 자신감을 가져라

모든 비즈니스는 자기 자신을 상대방에게 파는 것이다. 자신을 판다는 것은 자신의 신용을 판다는 뜻이다. 그리고 자신을 판다는 것은 바로 자신의 상품가치를 파는 것이다. 이를 위해서는 자신의 상품가치를 높여야 하며 이론 무장과 정신 무장은 물론 기술 무장을 위한 부단한 노력과 시간 투자를 해야 한다. 자신이 자신의 상품가치를 인정하지 않는데 어느 누가 그것을 인정해줄 것인가?

19. 항상 배우려는 마음을 가져야 한다

미국의 세계적인 여성 네트워커인 젠 루(Jan Ruhe)는 네트워크마케팅에서 성공하려면 항상 배우려는 마음이 있어야 한다고 했다. 이를 위해서는 매일 독서로 성공자의 경험담을 통해 성공 노하우를 터득하고 꾸준한 강의 테이프 청취로 이론 무장을 하는 것이다.

20. 행동하라 지금 바로 행동하라

이 사업은 이론으로 하는 사업이 아니라 행동과 실천으로 하는 사업이다. 아무리 많이 알고 아무리 이론 무장이 잘되어 있더라도 행동하지 않으면, 아무 결과도 없다. 행동이 뒤따라야만 결과 즉, 실적이 있기 마련이다.

21. 이론과 행동의 균형이 필요하다

기본적인 이론도 중요하지만 행동과 실천도 뒤따라야만 한다. 실천이 뒤따르지 않는 이론으로는 실적 발생에 아무 소용이 없다. 특히 네트워크마케팅 사업에서는 이론과 행동의 균형이 절대적으로 필요하다.

이렇게 볼 때, 다음과 같은 공식을 도출할 수 있다.
1) 이론적인 지식이 100이고 행동(실천)이 0인 경우 : $100 \times 0 = 0$으로 실적은 제로이다.
2) 반면, 이론적인 지식이 10이고 행동이 10인 경우 : $10 \times 10 = 100$으로 실적은 100이다. 결국 네트워크마케팅에 관한 지식이 아무리 많아도 실제로 행동하지 않으면 아무 실적도 없다. 이렇듯 네트워크마케팅 사업에서는 이론도 중요하지만 더 중요한 것은 실제로 발로 뛰고 행동하는 것이다.

22. 네트워크마케팅 사업의 두 가지 핵심축은 꿈과 행동이다

이 사업의 성공을 위한 두 가지 핵심축이 있다.

하나는 이 사업에 대한 확실한 꿈과 뚜렷한 목표를 갖는 것이고 또 하나는 이 꿈과 목표를 실현시키는 행동력이다. 확고부동한 꿈과 목표가 있어야 행동이 따르고 행동이 뒤따라야만 그 꿈과 목표가 비로소 실현되기 때문이다. 이 두 가지는 밀접한 상호관계가 있다.

23. 거절과 방문공포증을 이겨내라

이 사업뿐만 아니라 모든 비즈니스에서 거절은 당연하고 기본적인 것이다. 우리 사업은 거절이 본업인 사업이다. 그러므로 거절을 어떻게 처리하고 거절과 방문공포증을 어떻게 예방하는가에 따라 사업의 성패가 달려 있다. 심지어 거절 목표를 먼저 세우라고까지 한다. 특히 초심자의 경우, 거절로 인해 마음의 상처를 받거나 실망해 모처럼 시작한 사업을 포기하는 경우가 많다.

미국의 유명한 경영컨설팅사의 연구조사 결과, 비즈니스맨의 방문포기 상황을 보면, 1회 방문 후 포기가 48%, 2회 20%, 3회 7%, 5회 이상이 20%로 나타났다. 그런데 정작 비즈니스의 성공의 절대다수인 75~80%가 5회 이후의 방문에서 이루어지고 있다는 점이다. 이는 결국 꾸준한 방문과 전화통화가 비즈니스를 성공으로 이끈다는 것을 말해주고 있다.

여기서 보듯이 다른 모든 비즈니스에서처럼 네트워크마케팅 또는 네트워크 비즈니스(일본에서는 네트워크마케팅을 일반적으로 네트워크 비즈니스라고 부름) 역시 거절을 많이 당하기 때문에 초기사업자의 경우, 거절공포증과 방문공포증을 갖는 경우가 많다.

거절을 당했을 경우에는 거절을 당했다는 사실 자체에 너무 연연하지 말고 "그럴 수도 있지", "그는 아직 이 사업의 비전과 메리트(merit)를 모르니까 거절하는 것이 당연하지"라고 생각하고 자위하는 한편, 오늘 내가 왜 거절당했는지 그 원인을 분석해보는 것이 다음의 성공을 위해 더 큰 도움이 될 것이다.

거절을 당하는 주요 원인은 주로 서투른 사업 설명법, 세련되지 않은 비즈니스 매너 및 에티켓, 서툰 표정 관리, 부적절한 약속시간이나 약속장소, 서툰 화법과 상담기법 또는 상대방이나 자신의 컨디션 등을 들 수 있다.

거절공포증을 예방하기 위해서는 힘찬 응원가를 부르거나 자신감에 찬 구호를 마음속으로 외치거나 자기암시법을 활용해 최면을 걸도록 하라. 이런 마음의 준비 즉, 정신력과 사업에 관한 기본적인 지식의 무장 그리고 만나는 상대방에 대한 최근 정보와 비즈니스 자료 즉, 카탈로그(catalogue)나 제품설명서 및 팜플렛(pamphlet) 등의 기본 자료와 데모 키트(demonstration kit)와 같은 툴(tool) 또는 사업 안내를 위한 테이프나 비전 제시 자료 및 책자 그리고 거절시 예상 질문에 대한 답변 준비, 타사와 비교시 자사의 우수성을 제시할 수 있는 설득자료 등의 철저한 준비가 매우 중요하다.

24. 부지런하라

사람들의 유형을 크게 네 가지로 나누어 보면 다음과

같다.

1. 똑똑하면서 부지런한 사람 - 똑부형 : 포기하지 않고 시스템대로만 하면 성공가능성이 매우 높은 사람
2. 똑똑하지만 게으른 사람 - 똑게형 : 마음만 바꾸면 성공가능성이 매우 큰 사람
3. 멍청하면서 부지런한 사람 - 멍부형 : 사고치기 쉬운 사람
4. 멍청하면서 게으른 사람 - 멍게형 : 한심한 사람. 구제할 길이 없다. 개과천선 해야 한다.

이 글을 읽은 여러분은 과연 어디에 속하는가?

똑똑하고 부지런하면 금상첨화이다.

그리고 똑똑한데 다소 게으르다고 생각하면, 지금 당장 실현 가능한 작은것부터 하나하나 구체적으로 세부적인 계획을 세워 실천하라. 그러면 성공은 시간문제이다.

부지런하기는 하나 다소 현명하지 못 하다고 생각하면, 좋은 책을 많이 읽고 훌륭한 분의 강의나 테이프를 많이 들으면, 사업 노하우 즉, 효과적인 사업 전개법을 터득할 수 있을 것이다. 한편 자신이 부지런하지도, 현명하지도 않다고 생각하면, 피나는 자기혁신과 자기개혁을 하라. 그리고 누구보다 '8 core'를 열심히 하고 정신력 강화훈련을 통해 스스로 훈령해 제2의 새로운 자신을 탄생시키도록 하라. 그러면 여러분의 인생은 네트워크마케팅 사업

으로 인해 그야말로 성공하는 인생이 될 것이다.

25. 클레멘트 스톤의 교훈

유명한 성공자이자 성공 메이커인 클레멘트 스톤(Clement Stone)은 다음과 같은 명구(名句)로 우리들에게 성공을 위한 훌륭한 교훈을 남겼다.

생각이 바뀌면 행동이 바뀌고
행동이 바뀌면 습관이 바뀌고
습관이 바뀌면 인격이 바뀌고
인격이 바뀌면 운명이 바뀐다.

이와 같은 생각을 바꾸면 자신의 운명 즉, 인생을 바꿀 수 있다. 생각은 자동차의 엔진과 같다. 새로운 엔진, 힘찬 엔진은 차를 잘 나아가게 한다. 반대로 낡거나 힘없는 엔진으로는 차가 잘 나아갈 수 없다.

이 사업 역시 자동차 엔진이 힘이 있으면, 자동차에 속도가 잘 붙듯이 네트워커의 생각이 긍정적이고 적극적이면, 사업의 성장속도도 엄청나게 빠르고 성공의 크기도 엄청날 것이다.

유리잔의 철학이 있다. 절반만 먹고 절반이 남은 유리컵 속의 맥주를 A라는 사람은 "내가 좋아하는 맥주가 아직도 반이나 남아 있다"라고 생각하는 반면, B라는 사람은 "이제 반밖에 남아있지 않다"라고 생각한다. 한 사람은 보다 긍정적인 사고방식의 소유자이고 다른 한 사람은 부정적인 사고방식의 소유자이다. 과연 누가 성공할까? 말하나마나 전자가 성공할 것이다.

어느 작은 도시에 사는 어여쁜 처녀가 불의의 교통사고로 반신불수가 되었다. 이 처녀는 "이런 불구의 몸으로 평생을 살면 뭐하나?"라며 한탄하다 마침내 자살을 결심했다. 그때 헬런 켈러(Helen Keller) 여사 생각이 머리를 스쳤다. 그렇다! 평생 앞도 못 보고, 듣지도 못 하고, 말도 못 하는 벙어리 신세에 그 많은 선행을 한 것을 생각하니 자신도 살아남아서 뭔가 좋은 일을 해야겠다는 생각이 들었다. 그래서 다시 살아가기로 마음을 바꾸었다.

여러분! '자살'이라는 단어를 뒤에서부터 읽으면 무엇이 되나요? '살자'가 됩니다. 부득이 뇌성마비로 오른쪽 다리를 절단하게 되었을 때, 내게는 "이젠 왼쪽 다리밖에 없다"라고 생각하지 않고 "아직 내 왼쪽 다리는 건재하다"라는 긍정적인 사고방식의 소유자가 성공할 것이다.

그러므로 매사에 긍정적이고 적극적인 사고방식의 소유자가 성공하기 마련이다.